映画で、作りました。

映画ブ、はじめました！

　娘に映画を観てもらいたくてスタートした、映画クラブ、略して映画ブ。幼いころは絵本、とくに海外の見たことないような色の絵本を読んであげていました。でも大きくなって字も読めるようになったら、ゲームも漫画も周りからどんどん入ってきちゃって。そっちがおもしろすぎるみたいで、本もなかなか読まないし。
　だから、せめて映画を見せたいなと思ったんです。私も小さい時に、母から『若草物語』とか『風と共に去りぬ』を見せてもらって、それが考え方やファッションの勉強になったりと今でもたくさんの影響を受けているから。
　私、デビューしてすぐのまだあまり仕事がない時期に、自分の引き出しを増やすために年間100本をノルマにして映画を観ていたんです。それが忙しくなって、この十数年は話題の映画も観ていない状態。
　じゃあ、ちょうどいい。私も観直したいから、一緒に観よう。娘とふたりの映画部を作ろうって思ったんです。普通のノートとは違う仰々しいノートを「映画ブ・ノート」にして、感想を書こうねって部活みたいにしたんです。それがはじまり。
　最初のころは順調で、1つの映画に1ペ

ージぐらいの感想を書いていたんだけど、観る映画が増えてくると、娘は感想を書くのが面倒くさい、みたいになってきちゃったんです。無理やり書くものじゃないし、宿題みたいになったら楽しくなくなっちゃうから、「こわかった」とか「服がかわいかった」「一瞬だけ登場したサルがかわいい」とか、一言だけでもいいってことにしました。

どんな映画を観ているの？

　子どもに見せるものだから、自分が観たことないものはちゃんと調べています。まあ、基本はR指定がついていなければ大丈夫なんだけど、R12ぐらいの微妙なところだと、子どもが見ても大丈夫かを調べて。どこがR指定なのかな、一瞬だけラブシーンがあるものから、残酷なシーンが続くものもいろいろある。それをチェックして、「あ、これだったら大丈夫そう」と思ったら見せてます。あとは、そういうシーンになったら一瞬、見ちゃダメって言って、手で目を覆って隠したりして。

いちごが観ていること

　子どもが観ているものって自分とは全然

違ったりして、面白いです。大冒険のスペクタクルなのに、脇役の犬がどうなったなんてことをずっと言っていたりするし。そんなところが気になるんだって新鮮でした。小さい犬とか猫がかわいそうとか、そういう感想も多い。あと私は昔から外国人の顔がなかなか見分けられないんだけど、娘はパッと見てすぐ、「この人って、あの映画の悪い人役で出た」とか言うんですよ。それで私が気づくこともいっぱいある。この監督にはこの女優さんが欠かせないっていうようなことは、娘のおかげで見えてくるようになって。「この人、あの人だ」とか急に言ってくれるから。

千秋の子育て

親になるってすごいことです。いきなり親になってひとりの人間の基礎を作らなきゃいけないんだから。あたりまえだけど、みんな初めてなんだし、パーフェクトな人なんかいないと思ってるから、そこも含めて楽しんで試行錯誤しながら子育てしてます。

お腹の中にいるときから3歳まではクラシックを聴かせたらなんとかとかいうけど、そんなのは個人差があるし、さじ加減だろうとも思う。クラシックは好きだけど、ずっと聴いていても全然おもしろくない。私がおもしろくないのに、お腹の子も楽しくなるわけないと思ったから、あえて六甲おろしを聴かせていたんですよ。阪神ファンだし。その方がどれだけ私とお腹の子にとっていいかと思います。クラシックが全員にとっていいなんて限らない。人によると思う。とにかく親が楽しいことが、お腹にいる子どもにとってもいいんじゃないかな。

娘が私の子どもになったのも運なので。社会や周りの人に迷惑掛けないようにという大前提があった上で、私の家のルールで育てています。人は人、私は私。

私のルールっていうのは結局、自分の母親のルールに近い。母がやってきたこと、母が私にしてくれたことをベースにしてます。ただ、母は私に勉強させ過ぎて、私は勉強嫌いになってはみ出ちゃった。それは失敗だからやらないんですけど(笑)。でも、おもちゃをあんまり買わないとか、いろんな海外のものを見せてくれたのは良かったと思っているから、子どもにも同じようにしてます。

ママとの1本

母が私に勧めてくれた映画の一番は『風と共に去りぬ』。中学1、2年生のころのお正月に二夜連続で『風と共に去りぬ』をやっていたんです。お正月だから「かくし芸大会」とか見たいのに、「これ、おもしろいから見なさい。お母さんが大好きだから」って、無理矢理観させられて。「なんだ、こんな古い変な映画」と思いながら観たら、すごくおもしろかったんですよ。そのあとにビデオに録画をして、擦り切れるほど観

ました。
　物語にすっかり引き込まれて。ビビアン・リーが演じるスカーレット・オハラの主人公にびっくりしました。あんなわがままで気が強い主人公がいるんだ。ラストがまた女性としてかっこよくって、両親以外に初めて憧れる女性の生き方みたいなのをぼやっと感じました。とにかく強いでしょう。恋愛映画としてもいいし。ああいう選択をして、あんなふうに生きて。お金持ちのお嬢様が「私がレディじゃなかったら、思いっきり悪態ついてやるのに」なんて言ったりもする。婆やが見てないところでどんどん胸を開けて男の人の気を引くように、胸もボーンと開けて、作り笑顔で男の人にニコニコしてモテモテになるけど、自分が一番好きな人はあっちにいるよ、みたいなの

とか。そういうのが描かれていることも衝撃的で。見栄を張るためにカーテンでドレス作ったりとか。だけど、家族や恋敵の友達でも守るために一生懸命生き抜く。飢えにも負けないと大地に誓う。文句もいっぱい言いながら。
　強くって、たくましくって、もう大好きになった。だからその後、映画を年に100本観るようになっても、一番好きな映画は『風と共に去りぬ』。母も何か私に伝えたかったのかな。そういう映画の楽しみを娘にも体験してもらいたい。

娘と私の約束ごと

　子育ての話に戻ると、ルールは絶対に守らせるんです。社会のルール、マナーはも

　ちろん。娘はそんなにはみ出す子じゃないんだけど。例えば、我が家には、どれだけ散らかしてもいいけど、その日のうちに絶対に箱に入れてお片付けするというルールがあるんです。そうしないとおもちゃの神様が来て、おもちゃを全部捨てちゃう。いつも夜に「ほら、おもちゃの神様来るから片付けなさい」って言ってます。でもいつだったか、1日ぐらい大丈夫だろうって片付けなかった時があって。何回か注意したんだけど、後でやる、後でやる、って片付けないの。そしたらおもちゃの神様は本当に全部捨てちゃったんですよ。もう二度と出て来ません、そのおもちゃは。
　そこはもう、容赦なく。次の日の朝、娘が泣いてても「誰が悪いんだろう？ あーあ、本当に無くなっちゃった。片付けないから神様に持って行かれちゃったんだ」って。あれが大事だったのに、なんだかんだってわめいているんだけど、「でも、お片付けしなかったんだから、しょうがないんじゃない？」って、もう戻らないのね。そのときのことが娘は身に染みてるから、絶対片付けるようになりました。そういうようなルールは約束だから。
　朝は何時までに起きる、夜は何時までにお布団に入るって決めていて、守れないなら一緒に寝ないの。ダラダラとTVを観ていて遅くなったら、一人で寝てもらう。「きょう怖い話聞いたから一緒に寝て」って泣かれても、「でももう間に合わなかったから、きょうは一緒に寝られない。しょうがない」って子どもの部屋を出ちゃう。かわいそうって思うんだけど、そこでルールを

崩しちゃうと、お母さんはどうせ泣けば大丈夫、みたいになっちゃうから。お母さんとしても、我慢のしどころなんです！

毎日、100個のおくりもの

でも、そんなふうに怒ったり、泣かれたりするときはほんのちょっと。娘との暮らしは毎日がうれしいことにあふれていて。ちゃんとお手紙をくれたり、お手紙に書いてあることもうれしいし、何かが出来るようになるたびにうれしい。1人でできるようになったら、またうれしい。そんな"うれしい"って、毎日100個ぐらいはあるんじゃないかな。

娘と映画を観る時間は、同じ趣味を持って一緒の時間を過ごすということ。それは人によりスポーツでもいいし、一緒に絵を描くとかでもいいと思う。

映画が教えてくれること

映画は私にとっても娘にとっても勉強になるから一石二鳥。いろんな世界を体験できるから一石三鳥ぐらいかな。いろんな国に、未来・過去、宇宙に恐竜。もちろん本を読んだりして想像するのもいいけど、たくさんの世界を、簡単に一緒にワーッて体験できる。

怖い戦争の世界にも行くし、ファンタジーの冒険も、あと悲しいこともあったり。いろんな感情を一緒に体験できるのは大きいかな。共通の趣味でなおかつ勉強になるんです。

映画の良いところは、分かりやすく善悪があることもあれば、矛盾していることとか、腑に落ちないこととかも結構あるところ。小さい時に読む絵本なんかには、けっこう明快な善悪がありますよね。勧善懲悪で。だけど、映画だとそんなにわかりやすいことばかりじゃなくって、何でこの人こんなに良い人なのに悪いこともするの？ということもある。

外国の文化を手っ取り早く学べるのもいいと思う。チャップリンの『独裁者』を見た時は「本当にこういう人が実際にいたんだよ」っていうところから。「昔、日本が負けた大きな戦争があって、その時にドイツにはこういうこわい独裁者、いっぱい人を殺しちゃう悪い人がいたんだよ。それをこの人がパロディでやっているんだよ」って教えてあげる。娘は、まだ学校では第二次世界大戦をちゃんと習っているかどうかっていうときだから、映画でその世界を知ることになるんですよね。その後に例えばテレビのドキュメンタリーでヒトラーの映像なんかが出てきたら、「この人ってあれでしょ？」ってすごい興味を持ったりして。

そんな"勉強"っぽいことだけじゃなくても、「『ラスベガスに行こうぜ』ってカップルが言ったら、それはイコール『結婚しようぜ』っていうことなの。ラスベガスでは簡単に結婚ができるからなんだよ」って、学校では教わらないことを教えてあげたり

できる。アクションものなんかでスイス銀行が登場したら、「悪いことする人はスイス銀行に貯金するの。スイス銀行は秘密にしてくれると言われているからだよ」。娘が大きくなった時に、「あ、マネーロンダリングってあのことかな」とか分かってくるのかなって楽しみです。『若草物語』の時代は、まだミニスカートなんてなかったんだよ」とか。そういうことってファッションの勉強にもつながってくると思う。

見ただけだったらそのまま忘れちゃうものもあるんだけど、ノートに記録するというのは大きな意味があります。なにか一言でも書き残してノートが増えると、これだけ見たんだっていう実感にもなるから。娘も、何か月か前のノートをめくって「これ、私何書いてるの？」とか笑ってたりとかするんですよ。娘とふたりで「また後で見返したらおもしろいね」って言いながら、わいわい書いてます。さてと、今日はなにを観ようかな。

ふたりの映画ブ

これまで他人の評価ってあんまり気にしてなかったんだけど、やっぱりみんながいいという映画はそれなりにおもしろいし、全然話題になっていないものはおもしろくない。10人中6、7人がいいって言っていることは基本なんだなあ、と思いました。子育てについても振り返ってみれば、みんながいいって言うことだったら、1回ぐらいは試してみようとかと思ったりもする。娘と一緒に見て、2回目のものもあれば10年、20年ぶりというのもあったりするんだけど、昔はおもしろくないと思ったけど、今見たらおもしろかったとか、逆のもあるし。こういう内容だったんだと気づいたこともあります。娘も、名作と言われるものは、大人になってからも見る機会があるだろうから、その時に、「あ、ママと見たな」って思い出してくれればいいな。

ふたりで10年後に見れたら、おもしろいね。

CONTENTS

まえがき　映画ブ、はじめました！
映画ブ・ノート

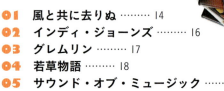

- **01**　風と共に去りぬ ……… 14
- **02**　インディ・ジョーンズ ……… 16
- **03**　グレムリン ……… 17
- **04**　若草物語 ……… 18
- **05**　サウンド・オブ・ミュージック ……… 20
- **06**　ソウル・サーファー ……… 22
- **07**　キャスパー ……… 24
- **08**　ジョーズ ……… 26
- **09**　ハリー・ポッターと賢者の石 ……… 28
- **10**　スタンド・バイ・ミー ……… 30
- **11**　マイフレンド・フォーエバー ……… 31
- **12**　ビッグ ……… 32
- **13**　ロジャー・ラビット ……… 34
- **14**　激突！ ……… 36
- **15**　ドリームガールズ ……… 38
- **16**　魔法にかけられて ……… 39
- **17**　ゴーストバスターズ ……… 40
- **18**　マリー・アントワネット ……… 41
- **19**　E.T. ……… 42
- **20**　タイタニック ……… 44
- **21**　ネバーエンディング・ストーリー ……… 46
- **22**　マイ・ガール ……… 47
- **23**　スパイダーマン❶❷❸ ……… 48
- **24**　ニューヨーク東8番街の奇跡 ……… 50
- **25**　Mr. & Mrs. スミス ……… 52
- **26**　桐島、部活やめるってよ ……… 54
- **27**　キャットウーマン ……… 55
- **28**　ラースと、その彼女 ……… 56
- **29**　レ・ミゼラブル ……… 58
- **30**　ピーター・パン ……… 60
- **31**　華麗なるギャツビー ……… 61
- **32**　アメリカン・グラフィティ ……… 62
- **33**　アベンジャーズ ……… 64
- **34**　アイアンマン ……… 65

35	ジュマンジ……… 66
36	ミクロキッズ……… 68
37	リトル・ミス・サンシャイン……… 69
38	オズ　はじまりの戦い……… 70
39	スパイキッズ……… 71
40	ホーム・アローン……… 72
41	千と千尋の神隠し……… 74
42	17歳のカルテ……… 76
43	チャーリーズ・エンジェル……… 77
44	キューティ・ブロンド……… 78
45	マスク❶❷……… 80
46	マリリン 7日間の恋……… 82
47	人生はビギナーズ……… 83
48	猿の惑星　創世記（ジェネシス）……… 84
49	奥さまは魔女……… 86
50	シザーハンズ……… 88
51	ローマの休日……… 90
52	ジャックと天空の巨人……… 91
53	赤毛のアン……… 92
54	エスター……… 93
55	ドラえもん　のび太の新魔界大冒険……… 94
56	ルームメイト……… 96
57	パイレーツ・オブ・カリビアン　呪われた海賊たち……… 97
58	アンタッチャブル……… 98
59	プリンセスと魔法のキス……… 99
60	ピラニア……… 100
61	ペーパー・ムーン……… 102
62	ブレードランナー……… 103
63	マンマ・ミーア！……… 104
64	アタック・オブ・ザ・キラー・トマト……… 106
65	アイ・アム・サム……… 108
66	アメリカン・ビューティー……… 109
67	フィフス・エレメント……… 110
68	テルマエ・ロマエ……… 112
69	キサラギ……… 113
70	ミーン・ガールズ……… 114
71	ニュー・シネマ・パラダイス……… 116
72	グランド・イリュージョン……… 117

- 73 バーレスク ……… 118
- 74 パーシー・ジャクソンとオリンポスの神々❶❷ ……… 120
- 75 ゼロ・グラビティ ……… 122
- 76 リンダ リンダ リンダ ……… 123
- 77 ベスト・キッド ……… 124
- 78 オーケストラ！ ……… 126
- 79 独裁者 ……… 127
- 80 スノーホワイト ……… 128
- 81 紳士は金髪がお好き ……… 130
- 82 HICK ルリ 13歳の旅 ……… 132
- 83 スティーブ・ジョブズ ……… 134
- 84 アナと雪の女王 ……… 135
- 85 レオン ……… 136
- 86 アメリ ……… 138
- 87 モンスターズ・ユニバーシティ ……… 140
- 88 ダイヤルMを廻せ！ ……… 142
- 89 ラスベガスをぶっつぶせ ……… 144
- 90 トイ・ストーリー ……… 145
- 91 塔の上のラプンツェル ……… 146
- 92 ロード・オブ・ドッグタウン ……… 148
- 93 アザーズ ……… 150
- 94 ニキータ ……… 152
- 95 ウォーターボーイズ ……… 153
- 96 ブルークラッシュ ……… 154
- 97 スウィングガールズ ……… 156
- 98 キッズ・オールライト ……… 158
- 99 ペイ・フォワード ……… 160

私のお気に入り ……… 161
あとがき ……… 166

マークの見方 =  は私、 は苺さんの感想です。

苺さんとわたしと始めた映画クラブ、
略して映画ブ。

ノートを見ると2011年の
10月10日からスタートしてますね。
（苺さん、8歳ぐらいのときからです）

感想はなんだっていいんです。
何を思ったっていい。
こう思って欲しい、こう考えて欲しいって
ことはなく、好きに感じてくれたらいいんです。

ちなみに。
これは水道橋博士が息子さんとやってるのを
Twitterで知って、参考にしたものです。
マネしていいですか?って許可を取ってから始めました。

CHIAKI'S recommendation

『風と共に去りぬ』

第一回はわたしが一番好きな映画、『風と共に去りぬ』。
記念すべき1ページ目。
また大人になってから観るかもしれない、
もう二度と観ないかもしれない。
でも名作と言われるもの、
わたしの好きなもの、二人で初めて観るもの……。
映画がお勉強よりも

色んなことを教えてくれる

ことを知っています。

ドレスがいっぱいでとてもきれいだった。
あんなきれいないえにすめていいな〜って
おもいました。あと

『カーテン』で『ドレス』をつくるなんてすごい

とおもいました！ かっこいい！

CINEMA Data

© 1939 GONE WITH THE WIND, its characters and elements are trademarks of Turner Entertainment Co. & The Stephens Mitchell Trusts. © Turner Entertainment Co.

監督 ビクター・フレミング　1939年・アメリカ　233分

キャスト 〔カッコ内は吹替、以下同〕ビビアン・リー（日野由利加）、クラーク・ゲーブル（大塚明夫）、オリビア・デ・ハビランド（平淑恵）、レスリー・ハワード（原康義）

あらすじ 1861年、ジョージア州タラ。大園遊会の当日、パーティーの女王・スカーレットは心に決めていた男性アシュレーとメラニーの婚約が発表されると聞き怒り悲しんでいた。その夜、南北戦争が勃発。激動のアメリカを舞台にスカーレットは強く、激しく生きていく。作品賞、監督賞をはじめ10部門のアカデミー賞を独占した壮大な大河ドラマ。

MY RECORD

memo

Title　風と共に去りぬ

Date　　　.　.　(　)

☆☆☆☆☆

CHIAKI'S recommendation

『インディ・ジョーンズ　レイダース 失われたアーク《聖櫃》』

冒険ものは外せない。

アドベンチャーの代表は
やっぱりこれだよね。

何もかも面白い！

あっ、でもちょっと怖い。

CINEMA Data

DVD発売中　発売元：パラマウント
ジャパン　2,500円＋税
TM & ©1981-2008 Lucasfilm Ltd.
All Rights Reserved. Used Under
Authorization.

監督	スティーブン・スピルバーグ　1981年・アメリカ　115分
キャスト	ハリソン・フォード（村井国夫）、カレン・アレン（土井美加）、ポール・フリーマン（石田太郎）、ロナルド・レイシー（樋浦勉）、ジョン・リス＝デイビス（小林修）、デンホルム・エリオット（中村正）
あらすじ	舞台は第1次世界大戦後、混乱期のヨーロッパ。神秘的な力を秘めたアーク（聖櫃）を追うヒトラー率いるナチス。アメリカ政府からアーク発掘の任務を受けた考古学者インディ・ジョーンズは、かつての恋人とともにナチスと壮絶な争奪戦を繰り広げる。製作総指揮・原案はジョージ・ルーカス。

『グレムリン』

ギズモのキャラクターが
好きなのでたまに観る映画です。

さいしょはこわいかな？ とおもってて

かわいいな〜♡

っておもってたらこわくなってちょっとやだった。
でもさいごにさようならのところが

ないちゃった(;_;)

CINEMA Data

発売元：ワーナー・ブラザース・ホームエンターテイメント
©1984 Warner Bros. All Rights Reserved.

- **監督** ジョー・ダンテ　1984年・アメリカ　106分
- **キャスト** ザック・ギャリガン（関俊彦）、フィービー・ケイツ（玉川紗己子）、ホイト・アクストン（富田耕生）
- **あらすじ** クリスマスの夜、ビリーは父親から不思議な生き物を贈られる。これを飼う上での注意は、水に濡らさないなど3つの約束を守ること。ビリーはギズモと名づけて可愛がるが、3つの約束は破られたことから凶暴な怪物・グレムリンが出現する。街中が大パニックとなる中、ビリーとギズモの大奮闘がはじまった！　製作総指揮＝スティーブン・スピルバーグ。

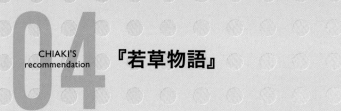

04 CHIAKI'S recommendation 『若草物語』

 わたしが

小さい頃に母に教えてもらって大好きだった映画。

苺さんも気に入って繰り返し観てます。

もう十回以上観てる。

 最初すごくおもしろかったのがもっとおもしろくなってきて

観てたら今度はかわいいドレスやかわいいものがでてきて

とてもおもしろかったしかわいかったです。

発売元：ワーナー・ブラザース・ホームエンターテイメント
©1949 A Warner Bros. Entertainment Inc. All Rights Reserved.

監督 マーヴィン・ルロイ　1949年・アメリカ　122分

キャスト エリザベス・テーラー、ジューン・アリソン、マーガレット・オブライエン、ピーター・ローフォード、ジャネット・リー

あらすじ 19世紀中ごろのアメリカ。マーチ家では父親は南北戦争に出征中で不在。留守宅を母と4姉妹が守っていた。一家を支える長女メグ、活発で進歩的なジョー、おとなしく内気なベス、おてんば盛りのエイミー。それぞれに魅力あふれる4人が、互いに影響を受け身も心も美しく成長していく物語。末っ娘エイミーを演じるのは子役時代のエリザベス・テイラー。

MY RECORD

Title　若草物語

Date　　　.　.　(　)

☆☆☆☆☆

memo

『サウンド・オブ・ミュージック』

名曲だらけだから一緒に歌えるよ。
アメリカ人の基本でしょ、日本人だけど。

いろんな歌がでてきた。
最後みんなつかまらずに
他のまちに行けて
よかったと思う。

CINEMA Data

制作45周年記念HD ニューマスター版
DVD 発売中 20世紀フォックス ホームエンターテイメント ジャパン
©2012 Twentieth Century Fox Home Entertainment LLC. All Rights Reserved.

監督 ロバート・ワイズ　1965年・アメリカ　174分

キャスト （吹替　2006年／1985年）ジュリー・アンドリュース（島田歌穂／武藤礼子）、クリストファー・プラマー（布施明／金内吉男）、エレノア・パーカー（増子倭文江／増山江威子）、リチャード・ヘイドン（坂部文昭／永井一郎）

あらすじ 第2次世界大戦間際のオーストリア。マリアはトラップ家の家庭教師に雇われた。7人の子どもたちは厳しい教育方針に縛られていたけれど、マリアの歌声と明るさが子どもたちとトラップ大佐の心をも開いていく。そんな時、ナチスからトラップ大佐への召集令状が届いてしまう。美しい大自然を舞台に数々の名曲を生んだミュージカル映画の古典的傑作。

MY RECORD

memo

Title　サウンド・オブ・ミュージック

Date　　　．．（　　）

☆ ☆ ☆ ☆ ☆

06 CHIAKI'S recommendation 『ソウル・サーファー』

 ママ友におススメされたので。
良かった。
気に入って、二回以上
観てます。

これきっかけに
**サーフィン
始めました！**

 サメに左手を食べられてちょうかなしいし
そのサメひどいなと思いました。
でも「ベサニー」はくじけずに
がんばっていてすごいな〜と思いました。

**私もちょっとサーフィン
してみたいな〜♡**

CINEMA Data

監督 ショーン・マクナマラ　2011年・アメリカ　106分

キャスト アナソフィア・ロブ（山根舞）、ヘレン・ハント（坪井木の実）、デニス・クエイド（堀内賢雄）、ロレイン・ニコルソン（優希）、キャリー・アンダーウッド（藤原美央子）ロス・トーマス（川本克彦）

あらすじ ハワイ・カウアイ島で暮らす13歳の少女ベサニー。プロサーファーを目指していたベサニーだが、ある日サメに襲われ左腕を奪われてしまう。一命をとりとめたベサニーは、事故からわずか1ヶ月でサーフィンを再開。不安を抱きながらも、友人や家族に支えられて、海へと向かっていく。実在のサーファーの奇跡の復活を描いた、勇気と感動の物語。

MY RECORD

memo

Title　ソウル・サーファー

Date　　　．．（　）

☆☆☆☆☆

『キャスパー』

怖い話がこわいのに
オバケが好きな苺さんに

ぴったりの映画、『キャスパー』
わたしも久しぶりに観たから面白かった。
アメリカ映画はハッピーエンドが基本だから好き。

かわいかった。
こどもたちが
怖がるところが
面白かった。

監督	ブラッド・シルバーリング　1995年・アメリカ　100分
キャスト	クリスティナ・リッチ、ビル・プルマン、キャシー・モリアーティ、エリック・アイドル
あらすじ	古い屋敷を相続したキャリガンは宝物が隠されていることを知る。何とか宝を手に入れたいのにゴーストたちに邪魔をされてばかり。そんな時、除霊を請け負った心霊学者が一人娘のキャットを連れて屋敷を訪れると、淋しがり屋のゴースト、キャスパーがキャットに心を奪われ、彼女の前に姿を表した——。40～50年代のアメリカでコミックスとテレビアニメで人気を博したシリーズの映画化。

DVD 発売中　1,429円＋税　発売元：NBCユニバーサル・エンターテイメント
©1995 UNIVERSAL STUDIOS & AMBLIN ENTERTAINMENT, INC. ALL RIGHT RESERVED.

MY RECORD

memo

Title　キャスパー

Date　　　．．（　　）

☆☆☆☆☆

『ジョーズ』

怖いのに好き。
いちごさんが前から超観たいと言っていた映画。
怖いからまだ観せないことにしようかと思っていたんだけど、
あまりにも言うから。

サメ、かっこいい。

昔の映画だから思ったより怖くなかったけど、
人を食べるシーンは気持ち悪くなった。
魚で一番サメが好き。

CINEMA *Data*

監督	スティーブン・スピルバーグ　1975年・アメリカ　124分
キャスト	ロイ・シャイダー、ロバート・ショウ、リチャード・ドレイファス
あらすじ	夏のシーズンを目前に控えた海水浴場で、海に飛び込んだ一人の女子大生が海上から消えた。翌日、人間の死体の肉片が打ち上げられる。これがすべての始まりだった。新たな犠牲者を生み出していく人喰い鮫。平穏な海を取り戻すことはできるのか!?　スピルバーグ監督が弱冠27歳で制作した海洋パニックアクション映画。

DVD 発売中　1,429円＋税　発売
元：NBCユニバーサル・エンターテイメント
©1975 UNIVERSAL STUDIOS.
ALL RIGHTS RESERVED.

MY RECORD

Title　ジョーズ

Date　　　．．（　）

☆☆☆☆☆

memo

『ハリー・ポッターと賢者の石』

魔法使いにまだまだ本気でなりたいお年頃の苺さん。

ホウキで空を飛ぶところが
出てくる映画を観たい！

とのリクエストで
この映画を選びました。

苺さん、シリーズ全部を
観るつもりだそうです。

すっごく、すっごく、すっごく、
どんどん、どんどん、どんどん

おもしろかった。

魔法をつかってるときや、
ホウキにのってるときが

いいな〜。

CINEMA Data

2,381円+税 発売元:ワーナー・ブラザース・ホーム・エンタテインメント
©2001 Warner Bros Ent. Harry Potter Publishing Rights ©J.K.Rowling.HARRY POTTER characters, names and related indicia are trademarks of and © Warner Bros. Ent. Distributed by Warner Home Video. All rights reserved.

監督 クリス・コロンバス　2001年　152分

キャスト ダニエル・ラドクリフ（小野賢章）、ルパート・グリント（常盤祐貴）、エマ・ワトソン（須藤祐実）、リチャード・ハリス（永井一郎）、マギー・スミス（谷育子）、ロビー・コルトレーン（斉藤志郎）

あらすじ 「ホグワーツ魔法魔術学校への入学を許可します」。幼い頃に両親を亡くし、意地悪な一家に引き取られ孤独な日々を送っていたハリー・ポッター。ある日彼のもとに一枚の手紙が届く——。魔法魔術学校での新たな生活は刺激がいっぱい。そんなハリーの周りで不気味な事件が起こりはじめる。

MY RECORD

memo

Title　ハリー・ポッターと賢者の石

Date　　　.　.　（　）

☆☆☆☆☆

10 CHIAKI'S recommendation

『スタンド・バイ・ミー』

CHIAKI 絶対観せたかった映画のひとつ。
大人になるまでに1回、
大人になってからも1回、
必ず観るべき。

ICHIGO ハラハラしたり
ドキドキしたり
してすっごくおもしろかった♪

監督	ロブ・ライナー　1986年・アメリカ　88分
キャスト	ウィル・ウィートン（土井美加）、リバー・フェニックス（高山みなみ）、コリー・フェルドマン（水原リン）、ジェリー・オコネル（亀井芳子）、キーファー・サザーランド（森川智之）、リチャード・ドレイファス（野島昭生）
あらすじ	1959年、オレゴンの小さな町。文学少年ゴーディたち12才の仲良し4人組は、行方不明になった少年が列車に轢かれて野ざらしになっているという情報を手にする。死体を発見すれば一躍ヒーローになれる！4人は不安と興奮を胸に未知への旅に出る。たった2日間のこの冒険が、少年たちの心に忘れえぬ思い出を残した……。原作はスティーブン・キングの自伝的小説。

吹替洋画劇場コロンビア映画90周年記念デラックスエディション【初回生産限定】発売中 ¥3,800（税抜）
発売・販売元：ソニー・ピクチャーズ エンタテインメント

『マイ・フレンド・フォーエバー』

リサーチしてて観せようと決めたんだけど、
わたしがハマってしまった。
この頃のジョゼフ・マッゼロには二度と二度と会えないんだ、
この地球上に存在しないんだ、
と思うと胸が

きゅーーーん。

とても泣けるお話で、
とても **大泣き** してしまった。

CINEMA Data

DVD 発売中 20世紀フォックス ホーム エンターテイメント ジャパン
©2014 Metro-Goldwyn-Mayer Studios Inc. All Rights Reserved. Distributed by Twentieth Century Fox Home Entertainment LLC.

監督	ピーター・ホートン　1995年・99分　アメリカ
キャスト	ブラッド・レンフロ（滝沢秀明）、ジョゼフ・マッゼロ（今井翼）、アナベラ・シオラ（弥永和子）、ダイアナ・スカーウィッド（吉田理保子）、ブルース・デイヴィソン（宝亀克寿）
あらすじ	12歳のエリックは隣りに引っ越してきたエイズ患者の少年デクスターと友達になった。ニューオーリンズの医者がエイズの治療法を開発したというニュースを知ったエリックは、デクスターを誘って、タイヤチューブをつなげた自家製のイカダでミシシッピ川を下る旅に出発する。25歳で夭逝したブラッド・レンフロの代表作。

『ビッグ』

 これは男の子のパパ友達に
勧められたので。

あの古い占いゲーム機（？）が

今も本当にアメリカにあって
見つけるたびに思い出します。

 私は早く大人になりたいと思ったことは

そんなにない。

CINEMA Data

DVD 発売中 20世紀フォックス ホーム エンターテイメント ジャパン
©2014 Twentieth Century Fox Home Entertainment LLC. All Rights Reserved.

監督 ペニー・マーシャル　1988年・アメリカ　105分

キャスト トム・ハンクス（堀内賢雄）、エリザベス・パーキンス（土井美加）、ロバート・ロッジア（小林 修）、ジョン・ハード（江原正士）、ジャレッド・ラシュトン（松岡洋子）

あらすじ 12才のジョッシュは背が低いことを悩み、遊園地の魔法ボックスに「大きくなれますように」と願う。すると翌朝、目覚めた彼は心は12歳のまま、30歳の大人の姿になっていた。ジョッシュは家を出てニューヨークに行きおもちゃ会社に就職、仕事に恋に奮闘する生活を始めるが――。名優トム・ハンクスの出世作。

MY RECORD

memo

Title　ビッグ

Date　　　．．（　）

☆☆☆☆☆

13 CHIAKI'S recommendation 『ロジャー・ラビット』

学生の頃、**絶世の美少年**と言われた男の子と
デイトしてこれを観た覚えがある。
男の子は学ランだと美少年で素敵だったけど、
私服がクソダサくてそれきりバイバイ。

**甘酸っぱくもなんともない
思い出？ の映画。**

　　ストーリーはやっぱり面白かった。
苺さんの好きなテイスト。
　　最後にカトゥーンがいっぱい出てきたところに
　　ピノキオ見つけて喜んでた。

さいしょ「トムとジェリー」みたいなアニメがでてきて、
ずっとそうなのかなと思ったら途中から人間がでてきて、
**ピーターパンもミッキーとか
ドナルドとかいろいろでてきて
　もう
　　ちょーーー
　　　おもしろかった！**

CINEMA *Data*

監督 ロバート・ゼメキス　1988年・アメリカ　104分

キャスト ボブ・ホスキンス（内海賢二）、クリストファー・ロイド（大木民夫）、チャールズ・フライシャー（山寺宏一）、ジョアンナ・キャシディ（横尾まり）、マービン・スタッビー・ケイ（緒方賢一）アラン・ティルバーン（藤本譲）

あらすじ 舞台は1947年のハリウッド、アニメーションの登場人物の住む町トゥーンタウン。町の人気者ロジャーは殺人容疑を掛けられ、探偵のエディにかくまわれる。事件を調べ出すと、町を巻き込んだ大きな陰謀が明らかになってゆく。ドゥーム判事の追手が迫る中、ロジャーとエディはトゥーンタウンを守ることができるのか。実写とアニメーションの融合が実現したアクション・コメディ。

MY RECORD

memo

Title　ロジャー・ラビット

Date　　　．．（　）

☆☆☆☆☆

14 CHIAKI'S recommendation 『激突！』

 小さい頃に観て
面白かった記憶があって。
苺さんも最初は

**何でこんな
大人の映画を？？？**

って思って観てたらしいけど、
だんだん面白くなってきた！
と言っていました。

わたしは久しぶりに観たけど、
かなり面白かったです。

 途中から

**でっかいトラックが
おじさんについてきて**

超怖かった。

CINEMA Data

スペシャル・エディション DVD 発売中 1,429円＋税 発売元:NBC ユニバーサル・エンターテイメント ©1971 Universal Studios. All Rights Reserved.

監督 スティーヴン・スピルバーグ　1971年・アメリカ　89分

キャスト デニス・ウィーヴァー（原康義）、ジャクリーン・スコット（日下由美）、エディ・ファイアストーン（後藤敦）、ルー・フリゼル（石住昭彦）

あらすじ デビッドはカルフォルニア州を南に向かうドライブ中、40トンの大型トラックに道をはばまれる。追い抜き先に進むだが、大型トラックが執拗に迫ってきた。不気味な運転手と猛スピードで暴走する大型トラックからデビッドは逃れることはできるのか。スピルバーグが25歳のときの監督作品。

MY RECORD

memo

Title　激突！

Date　　　.　.　(　)

☆☆☆☆☆

15 『ドリームガールズ』
CHIAKI'S recommendation

 何度観ても泣く。

女の幸せとは。
これはわたしが
無条件に大好きな映画♡

何度も何度も観たし
アルバムも聴きまくってる。

んーー♪ ヤバいよ！！

CINEMA Data

スペシャル・コレクターズ・エディション DVD発売中
1,429円＋税発売元：パラマウント ジャパン
©2006 Dream Works LLC and Paramount Pictures. All Rights Reserved. TM & ©2013 Dream Works LLC and Paramount Pictures. All Rights Reserved.

監督 ビル・コンドン 2006年・アメリカ 130分
キャスト ジェイミー・フォックス（咲野俊介）、ビヨンセ・ノウルズ（北西純子）、エディ・マーフィ（山寺宏一）、ダニー・グローバー（宝亀克寿）、ジェニファー・ハドソン（米倉紀之了）、アニカ・ノニ・ローズ（斉藤梨絵）、キース・ロビンソン（根津貴行）
あらすじ 歌手を目指すエフィ、ローレル、ディーナはオーディションへの挑戦を繰り返していた。彼女たちの才能に目を付けたカーティスは、地元の人気シンガーのバックコーラスに抜擢する。人気を博した彼女たちは、遂に「ザ・ドリームズ」としてデビューを果たす——。60年代のアメリカを舞台に彼女たちの夢が動き出す。

『魔法にかけられて』

面白かったー
この人とこの人がくっついて
良かった♡

「カーテン」で「ドレス」をつくってて
もうこんなのスゴスギルー！
っておもって
すっごくすっごく
ちょうおもしろかった ^▽^

監督 ケヴィン・リマ　2007年・アメリカ　108分
キャスト エイミー・アダムス（木村聡子）、パトリック・デンプシー（根本泰彦）、ジェームズ・マースデン（畠中洋）ティモシー・スポール（石住昭彦）、イディナ・メンゼル（林真里花）、レイチェル・コヴィー（小野花梨）、ジュリー・アンドリュース（ナレーション、松坂慶子）
あらすじ アニメーションの美しい王国アンダレーシアで暮らすジゼルは、エドワード王子との結婚式の日、魔女に騙され、現代のニューヨークに追放されてしまった。弁護士のロバートに助けられたジゼル。そこにアニメの世界から彼女を追ってきた王子たちが登場、ロバートの彼女も巻き込んでニューヨークの街は大パニックに！

CHIAKI'S recommendation

『ゴーストバスターズ』

この映画は

ザ・80's って感じ。

テーマ曲も上がりますよね。

さいしょはいみわかんなかったけど

どんどんおもしろくなってきて、
とちゅうでこわいところもあったけど
でも、すごくすごくおもしろかったです。

コレクターズ・エディション
発売中　1,410円+税　発売・販売
元：ソニー・ピクチャーズ エンタテ
インメント

監督	アイバン・ライトマン　1984年・アメリカ　105分
キャスト	ビル・マーレー（安原義人）、ダン・エイクロイド（玄田哲章）、ハロルド・ライミス（牛山茂）、シガニー・ウィーバー（駒塚由衣）、リック・モラニス（高木渉）、アニー・ポッツ（安達忍）、アーニー・ハドソン（菅原正志）
あらすじ	科学者3人組が結成したオバケ撃退部隊ゴーストバスターズ。幽霊退治が軌道に乗った頃、ニューヨークでは「門の神ズール」と「鍵の神ビンツ」が出会おうとしていた。2つの神が人間の体を借りて結合した時、世界は悪魔の支配下におかれてしまう。ニューヨークの街にあふれるオバケたち。世界の危機を救うため、ゴーストバスターズが立ち上がる。

『マリー・アントワネット』

苺さんのデザインの勉強にもなると思って。
ソフィア・コッポラの
カラーはやっぱり
ガーリーで可愛い。

かわいいドレスが
いっぱいでてきて、とてもかわいかった。

CINEMA Data

通常版 DVD 発売中 3,800円+税
発売元・販売元：(株)東北新社
©2005 I Want Candy LLC.

- **監督** ソフィア・コッポラ　2006年・アメリカ、フランス、日本　123分
- **キャスト** キルスティン・ダンスト、ジェイソン・シュワルツマン、アーシア・アルジェント、マリアンヌ・フェイスフル
- **あらすじ** ハプスブルグ家の末娘マリー・アントワネットは14歳でフランスの王子ルイ・オーギュストと結婚。ヴェルサイユ宮殿で晩餐会を楽しみファッションリーダーとして贅沢三昧の日々を送っていた。4年後、ルイ15世が急逝し、若いふたりは王位を継承、歴史の渦に飲みこまれていく。80年代のUKロックをBGMにソフィア・コッポラが撮った新しい"マリー・アントワネット"。

『E.T.』

基本は抑えておく意味と
わたしももう一度見直すって意味があります。
一石二鳥。

ETのかおが
ちょっと怖かった。
でも最後感動して泣いちゃった。

監督	スティーヴン・スピルバーグ　1982年・アメリカ　115分
キャスト	ディー・ウォーレス／ヘンリー・トーマス／ロバート・マクノートン／ドリュー・バリモア／ピーター・コヨーテ
あらすじ	孤独な10才の少年エリオットは、ある夜、森に置き去りにされた宇宙人E.T.と出会う。E.T.をこっそり部屋に連れて帰った彼は次第にE.T.と心を通わせていく。エリオットの次女を演じたのは弱冠7歳のドリュー・バリモア。E.T.と遭遇した際の叫び声で注目を浴びた。

DVD発売中　1,429円＋税　発売元：NBCユニバーサル・エンターテイメント
©1982 & 2002 UNIVERSAL STUDIOS. ALL RIGHTS RESERVED.

MY RECORD

Title　E.T.

Date　　　．．（　）

☆☆☆☆☆

memo

『タイタニック』

 どうしても観たい観たいと前から言っていたので。
あのシーンも観せる羽目に。
でも意味わかんなかったみたいで良かった。

長編は飽きますが、
『タイタニック』
だけは別。

ジャックがかわいそう。

〈2枚組〉DVD 発売中
20世紀フォックス ホーム エンターテイメント ジャパン
©2013 Twentieth Century Fox Home Entertainment LLC. All Rights Reserved.

監督	ジェームズ・キャメロン　1997年・アメリカ　195分
キャスト	レオナルド・ディカプリオ（松田洋治）、ケイト・ウィンスレット（日野由利加）、ビリー・ゼーン（山寺宏一）、キャシー・ベイツ（谷 育子）、ビル・パクストン（石塚運昇）
あらすじ	101歳の老婆がタイタニック号の最後を語り始はじめる——。1912年4月、処女航海に出た豪華客船タイタニック号。新天地アメリカを目指す画家志望の青年ジャックは、上流階級の美しい娘ローズと船上で運命的な出会いを果たす。身分違いの恋を乗り越え強い絆で結ばれていく2人。しかし不沈を誇っていた豪華客船は皮肉な運命に見舞われる。アカデミー賞11部門受賞。

MY RECORD

Title　タイタニック

Date　　　．．（　）

☆☆☆☆☆

memo

21 CHIAKI'S recommendation

『ネバーエンディング・ストーリー』

冒険ものの名作を。

昔、友達がファルコンに似てて、そのまんまファルコンってネックネームになってました。

ファルコン、ちょっときもちわるい。

CINEMA Data

発売元：ワーナー・ブラザース・ホームエンターテイメント ©1984 A Warner Bros. Entertainment Inc. All Rights Reserved

監督 ウォルフガング・ペーターゼン　1984年・西ドイツ　94分
キャスト ノア・ハサウェイ（浪川大輔／浪川大輔）バレット・オリヴァー（戸田恵子／佐々木優子）タミー・ストロナッハ（荘真由美／玉川妙記子）※吹替は89年ビデオ版／'87年TV版
あらすじ いじめられっ子のバスチアンは古本屋で「はてしない物語」という本と出合う。屋根裏で読みふけり物語に魅了される彼は、いつしか本の中の世界に迷い込んでしまう。広がるのは、すべてが跡形もなく消え去ろうとしている世界。勇士・アトレーユは原因不明の病に冒された女王を救うことができるのか――。原作は世界中で人気を誇るM・エンデの童話『はてしない物語』。

CHIAKI'S recommendation

『マイ・ガール』

子どもの映画って切なくて可愛くていいんだけど、

誰かが死んじゃうのは
もうナシにしない?

男の子がハチにさされて
死んじゃったのが
とてもかわいそうだった

CINEMA Data

発売中 1,410円+税 発売・販売元:ソニー・ピクチャーズ エンタテインメント

監督 ハワード・ジフ 1991年・アメリカ 102分
キャスト ダン・エイクロイド(青野武)、ジェイミー・リー・カーティス(弥永和子)、マコーレー・カルキン(田中真弓)、アンナ・クラムスキー(伊藤美紀)、リチャード・マジュアー(嶋俊介)、グリフィン・ダン(納谷六朗)
あらすじ 1972年の夏休み。ペンシルバニアの田舎町に住むベーダは、11才の女の子。ママはいないけれど幼なじみのトーマスが心の支えになっていた。パパの新しい恋人の出現や甘酸っぱい初恋にベーダの心は揺れ動く。

23 CHIAKI'S recommendation 『スパイダーマン™ ❶❷❸』

『スパイダーマン❶』

ヒーローものの中でだいぶ良かったです。
観た後、ずっとスパイダーマンのマネをしてました。
両手から蜘蛛の糸が出るとことか。

男の子が見るやつであんまりおも白くないと思ってたら
めーっちゃくちゃおもしろかったー！！ ヤバイ！！

『スパイダーマン❷❸』

❷と❸は一気に観ました。
段々俳優さん女優さんの名前と顔も
一致するようになってきた、わたしが。
苺さんは、外国人でも一度観たら覚えていて、
あ！このひと マリーアントワネットのひとだ！ とか、
脇役のひとまで、あの映画のこうゆう役だったひとだ！とか言う。
で、調べるとあってる。
なのにわたしは主役級の俳優さんも顔がなかなか覚えられない。
わかるのはディカプリオとロバート・デ・ニーロくらい www

ヤバイくらい おもしろかった！！
❸は人がちょっとダークになって
スパイダーマンの服も黒くなって、
イジワルなかんじだった！！
それも面白かったけど、
さいごが わかんなくて おわった！！

CINEMA Data

発売中 1,410円+税
発売元・販売元：ソニー・ピクチャーズエンタテインメント

スパイダーマン™1

- 監督　サム・ライミ　2002年・アメリカ　121分
- キャスト　トビー・マグワイア（猪野学）、ウィレム・デフォー（山路和弘）、キルスティン・ダンスト（岡寛恵）、ジェームズ・フランコ（鉄野正豊）
- あらすじ　今世紀最大のヒーロー、ここに誕生。幼いころに両親を失ったピーターは、大学進学と同級生メリー・ジェーンへの恋に悩む普通の高校3年生。ある日、特殊なクモに偶然噛まれたことから、超人的な能力を身につける。愛する者たちを守るために、ヒーローとなる宿命を背負ったピーター＝スパイダーマンの戦いが今、始まる！

発売中 1,410円+税
発売元・販売元：ソニー・ピクチャーズエンタテインメント

スパイダーマン™2

- 監督　サム・ライミ　2004年・アメリカ　127分
- キャスト　トビー・マグワイア（猪野学）、キルスティン・ダンスト（岡寛恵、アルフレッド・モリーナ（銀河万丈）、ジェームズ・フランコ（鉄野正豊）
- あらすじ　グリーン・ゴブリンとの激しい死闘から2年、大学生になったピーター。MJとの恋や親友ハリーとの友情に悩み苦しみながらも宿命を受け入れるピーター。そんな彼の前に新たな敵 "ドック・オク" が立ちはだかる。

発売中 1,410円+税
発売元・販売元：ソニー・ピクチャーズエンタテインメント

スパイダーマン™3

- 監督　サム・ライミ　2007年・アメリカ　139分
- キャスト　トビー・マグワイア（猪野学）、キルスティン・ダンスト（岡寛恵）、ジェームズ・フランコ（鉄野正豊）、トーマス・ヘイデン・チャーチ（石田圭佑）、トファー・グレイス（森川智之）
- あらすじ　ブラック・スパイダーマンとなったピーターは、新たなパワーに酔いしれ、怒りを制御することができない。復讐、決闘、恋人とのすれ違い。満身創痍の彼に新たな敵が襲い掛かる。

MY RECORD

memo
....
....

Title　スパイダーマン™
Date　　　．　．（　）
☆☆☆☆☆

....
....

Title　スパイダーマン™2
Date　　　．　．（　）
☆☆☆☆☆

....
....

Title　スパイダーマン™3
Date　　　．　．（　）
☆☆☆☆☆

....
....

『ニューヨーク東8番街の奇跡』

なにこれ？ なにこれ？

って言いながら真剣に観てました。
面白かったみたい。
感想文には『ユーホーが…』って書いてあった！

かわいかったしやさしかったし
なにかをなおしたりしてて
すご！ と思ったよ！

DVD 発売中　1,429円＋税　発売元：
NBC ユニバーサル・エンターテイメント
©1987 UNIVERSAL STUDIOS AND AMBLIN PRODUCTIONS, INC. ALL RIGHTS RESERVED.

監督　マシュー・ロビンス　1987年・アメリカ　107分

キャスト　ジェシカ・タンディ、ヒューム・クローニン、フランク・マクレー、エリザベス・ペナ、マイケル・カーマイン、デニス・ブーツィカリス

あらすじ　ニューヨークの街に奇跡が舞い降りる。古いビルが立ち並ぶイーストサイド、東8番街。最も古いオンボロ・アパートにはまだ住人がいた。彼らは悩みを抱え、アパートを離れられずにいたが地上げ屋に立ち退きを迫られ、窮地に追い込まれる。そんなある日、宇宙から突然小さな訪問者が現れて――。スティーブン・スピルバーグ製作総指揮。

MY RECORD

Title　ニューヨーク東8番街の奇跡

Date　　　．．（　）

☆☆☆☆☆

memo

『Mr.＆Mrs.スミス』

わたしがスパイものが好きだから買ったんだけど、苺さんも観入ってました。
スパイとかの意味って本来の意味を教えなくてももうだいたいわかってるものね。
アンジーかっこいー。
ブラピも。
これが夫婦なんだからなあー

美男美女過ぎる。

スパイごっこを
またしたくなった。

監督 ダグ・リーマン　2005年・アメリカ　120分

キャスト ブラッド・ピット、アンジェリーナ・ジョリー、アダム・ブロディ、ケリー・ワシントン、ヴィンス・ヴォーン

あらすじ 運命的な出逢いから結婚し"Mr.&Mrs.スミス（スミス夫妻）"となったジョンとジェーン。しかし、実はふたりの正体は別々の組織の超一流の暗殺者！　正体がバレた時、想像を絶する戦闘へエスカレートしていく！　ブラッド・ピットとアンジェリーナ・ジョリーが結ばれるきっかけとなった大ヒットアクション作。

スタンダード・エディション　DVD 発売中
2,381 円＋税　発売元：東宝東和　販売元：
NBC ユニバーサル・エンターテイメント
©2005 by Regency Entertainment (USA),
Inc. in the U.S. ©2005 by Monarchy
Enterprises S.a.r.l. in the rest of the world.
All Rights Reserved. Artwork ©2005
Twentieth Century Fox

MY RECORD

memo

Title　Mr.&Mrs. スミス

Date　　　．　．（　　）

☆ ☆ ☆ ☆ ☆

『桐島、部活やめるってよ』

たまには邦画を。
まだ小学生の苺さんには
よくわかんなかったようです。

でもスクールカースト。
いつか通る道ですからね。

高校生になったら
部活とか入ってみたい。

CINEMA Data

監督　吉田大八　2012年・日本　103分
キャスト　神木隆之介、橋本愛、東出昌大、清水くるみ、山本美月、松岡茉優、落合モトキ、浅香航大、前野朋哉、高橋周平、鈴木伸之、榎本功、藤井武美、岩井秀人、奥村知史、人賀、大後寿々花
あらすじ　ありふれた時間が校舎に流れる「金曜日」の放課後。バレーボール部のスター、桐島が退部するというニュースが校内を駆け巡る。彼女さえも連絡がとれず桐島不在のまま、部活やクラス内、仲良しグループ、あらゆる人間関係が静かに変化していく。原作は直木賞作家・朝井リョウのデビュー作。

DVD&Blu-ray 発売中　DVD3,500円＋税／Blu-ray4,800円＋税　発売元：バップ
©2012「桐島」映画部　©朝井リョウ／集英社

『キャットウーマン』

戦う女の子の映画も大好きなんですよ。
そして映画の後はいつも

その気になって
ポーズ決めてる。

かっこよくてかわいくて
つよい女の人になって

わたしもキャットウーマンに
なりたいなーとおもった。

CINEMA Data

発売元：ワーナー・ブラザース・ホームエンターテイメント ©2004 CATWOMAN and all related characters and elements are trademarks of and DC Comics. Warner Bros. Entertainment Inc. All Rights Reserved.

監督 ピトフ　2004年・アメリカ　104分
キャスト ハル・ベリー（本田貴子）、ベンジャミン・ブラット（小杉十郎太）、ランバート・ウィルソン（中村秀利）、フランシス・コンロイ（寺田路恵）
あらすじ ペイシェンス・フィリップスは、自己主張のできない内気な広告デザイナー。ふとしたことから勤める会社の陰謀を知ってしまった彼女は、何者かに追われ命を落としてしまう。その瞬間、ペイシェンスは"キャットウーマン"としての新しい命を得た——。

『ラースと、その彼女』

面白い面白いって言ってました。
どうやら苺さん、ヒューマンドラマなど、

なんてことないほのぼの系も面白く飽きずに観れるらしい。

めちゃくちゃ面白くて、
ラースが人形の女の人を彼女にして、
しゃべりかけたりして、

さいごは人形が死んじゃって

泣いてた！！

CINEMA Data

〈特別編〉DVD 発売中　20世紀フォックス ホーム エンターテイメント ジャパン
©2014 KIMMEL DISTRIBUTION, LLC. All Rights Reserved.

監督　クレイグ・ギレスピー　2007年・アメリカ　106分

キャスト　ライアン・ゴズリング（内田夕夜）、エミリー・モーティマー（魏 涼子）、ポール・シュナイダー（藤 真秀）、パトリシア・クラークソン（唐沢 潤）

あらすじ　もしも等身大のリアルドールに恋をしたら──？　アメリカ中西部、雪が降り積もる田舎町に暮らすラースは、シャイで女の子が大の苦手。そんなラースが「彼女を紹介するよ」と兄夫婦の家に連れてきたのは、等身大のリアルドール、ビアンカだった！

MY RECORD

memo

Title　ラースと、その彼女

Date　　　．．（　）

☆☆☆☆☆

『レ・ミゼラブル』

 知ってる話のはずだけど、
新鮮な気持ちでドキドキして観ました。
全編歌なのに飽きなかった。
またいつか観たい映画。

 とっ————————————
————————————ても
面白かった。
ことばにだせないほど。

監督	トム・フーパー　2012年・イギリス　152分
キャスト	ヒュー・ジャックマン、ラッセル・クロウ、アン・ハサウェイ、アマンダ・セイフライド、エディ・レッドメイン、ヘレナ・ボナム＝カーター、サシャ・バロン・コーエン、サマンサ・バークス、アーロン・トヴェイト
あらすじ	パンを盗んだ罪で19年間服役した後、再び盗みを働いたジャン・バルジャン。罪を見逃し赦してくれた司教の真心に触れた彼は、心を入れ替え市長となるまでの人物になった。パリの下町では革命を志す学生たちが蜂起する事件が勃発、誰もが激動の波に呑まれていく。人気ミュージカルを完全映画化。

DVD 発売中　1,429円＋税
©2012 Universal Studios.ALL RIGHTS RESERVED
発売元:NBCユニバーサル・エンターテイメント

MY RECORD

memo

Title　レ・ミゼラブル

Date　　　．．（　）

☆☆☆☆☆

30 CHIAKI'S recommendation

『ピーター・パン』

みんなよく知ってるピーターパンの実写版。
わたしは相変わらずピーターパン症候群。

さいしょもおもしろかったしかわいかったし
そらをとぶのもいいなー♥
って思って
キスするとこもあってステキだな
って思った♡

CINEMA Data

コレクターズ・エディション
発売中 1,410円+税 発売・販売元：ソニー・ピクチャーズ エンタテインメント

監督 P.J.ホーガン　2003年・アメリカ　113分

キャスト ジェレミー・サンプター（進藤一宏）、ジェイソン・アイザックス（今井清隆）、オリビア・ウィリアムズ（佐々木優子）、リュディヴィーヌ・サニエ、レイチェル・ハード＝ウッド（平澤優花）

あらすじ 100年目に語られる、初恋がある——。ロンドンの寒い夜、ウェンディーは弟たちにおとぎ話を聞かせていた。寝静まった部屋に忍び込んだピーター・パンとティンカー・ベルは、ウェンディーたちを永遠に子供のままでいられる国ネバーランドへ誘う。

CHIAKI'S recommendation

『華麗なるギャツビー』

最後、ぎゅううう ってなった。

ディカプリオ、昔よりどんどん好き。
この華麗なるギャツビーの
時代の髪型が好きで、
**翌日美容院に髪を
切りにいきました。**

パーティーが楽しそうだった。

CINEMA Data

発売元：ワーナー・ブラザース・ホームエンターテイメント
© 2013 Bazmark Film III Pty Ltd

監督 バズ・ラーマン　2013年・アメリカ　142分

キャスト レオナルド・ディカプリオ（内田夕夜）、トビー・マグワイア（加瀬康之）、キャリー・マリガン（白石涼子）、ジョエル・エドガートン（てらそま まさき）、アイラ・フィッシャー（東條 加那子）、ジェイソン・クラーク（ふくまつ 進紗）、エリザベス・デビッキ（小松由佳）

あらすじ 1922年春、ニューヨーク。密造酒をめぐる巨万の富が築かれ、株式市場は空前の好景気に沸いていた。アメリカンドリームを追い求めて中西部からやってきた作家志望のニック・キャラウェイは、隣に住むジェイ・ギャツビーという男と知り合う。彼は謎めいた億万長者で、その豪邸では毎晩のようにパーティが催されていた。

32 CHIAKI'S recommendation 『アメリカン・グラフィティ』

 アメリカを知るなら基本中の基本。わたしは何度目でしょう？

ファッションの参考に何度も観ました。

 話はよくわかんなかった。ママが好きそうな音楽ばかりかかってた。

CINEMA Data

DVD 発売中 1,429円＋税 発売元：NBCユニバーサル・エンターテイメント
©1973 Universal Studios. All Rights Reserved.

|監督| ジョージ・ルーカス　1973年・アメリカ　112分
|キャスト| リチャード・ドレイファス、ロン・ハワード、ポール・ル・マット、ウルフマン・ジャック、ハリソン・フォード
|あらすじ| 60年代前半、カリフォルニアの地方都市。街にはロックが鳴り響き、若者たちが乗り回すアメ車が席巻する。仲良しの男子高校生４人、それぞれの一夜を描いた青春ストーリー。フランシス・F・コッポラ製作。

MY RECORD

Title　アメリカン・グラフィティ

Date　　　．．（　）

☆☆☆☆☆

memo

『アベンジャーズ』

 とにかく出てくる俳優さん女優さんを、
あ、このひとって
あの映画のひと！っていう
苺さんの記憶力が凄かった。

 ヒーローが出てきて、
みどり色のやつとかアイアンマンとかもでてきて
**キャプテンアメリカは
ちょっとバカ**なのがおもしろい！！

CINEMA Data

- **監督** ジョス・ウェドン 2012年・アメリカ 144分
- **キャスト** ロバート・ダウニーJr.（藤原啓治）、クリス・エヴァンス（中村悠一）、マーク・ラファロ（宮内敦士）、クリス・ヘムズワース（三宅健太）、スカーレット・ヨハンソン（米倉涼子）、クリント・バートン：ジェレミー・レナー（宮迫博之）、サミュエル・L．ジャクソン（竹中直人）
- **あらすじ** アイアンマン、キャプテン・アメリカ、ハルク、ソー……。地球の危機を救うため最強のヒーローたちが集結した。その名もアベンジャーズ（復讐者たち）。チームで戦うことを拒む彼らの前に、地球の危機は容赦なく迫る。人類の未来は彼らの手にかかっている！！

34

CHIAKI'S recommendation

『アイアンマン』

 わたしはヒーローものの中では
アイアンマンの正体が
一番好きだなぁ。

お金もちなのは
いいなぁ〜！！

CINEMA Data

発売中 1,410円＋税 発売・販売元：ソニー・ピクチャーズ エンタテインメント

- **監督** ジョン・ファヴロー　2008年・アメリカ　125分
- **キャスト** ロバート・ダウニーJR.（藤原啓治）、テレンス・ハワード（高木 渉）、ジェフ・ブリッジス（土師孝也）、グウィネス・パルトロー（岡 寛恵）
- **あらすじ** 兵器会社社長のトニー・スタークは、アフガニスタンでテロ組織に拉致されてしまう。捕虜となり最強兵器の開発を強制されるが、戦闘用パワードスーツを敵の目を盗み開発、パワードスーツは全壊したものの脱出に成功した。帰国した彼は新たなパワード・スーツを作り始める。

CHIAKI'S recommendation 『ジュマンジ』

これは何回みても絶対面白いので
もしかして二回目だけど観ました。

さいしょはいみわかんないと思ったけど、
めちゃめちゃおもしろかったでーす。

ワニとか
人くいバナとか
でっかいくもとか
ライオンもさるもでてきて
ほかもいっぱいでて

すごいこのえいが
すごすぎる

と思ったー！

発売中 1,410円＋税 発売・販売元：ソニー・ピクチャーズ エンタテインメント

- **監督** ジョー・ジョンストン　1995年・アメリカ　103分
- **キャスト** ロビン・ウィリアムズ（江原正士）、ボニー・ハント（塩田朋子）、キルスティン・ダンスト（藤枝成子）、デビッド・アラン・グリア（後藤敦）
- **あらすじ** 12歳のアランはジュマンジというすごろくゲームを見つけた。ガールフレンドのサラとゲームを始めると、ゲーム盤上の世界に吸い込まれてしまう。それから20数年後、ジュディとピーターがジュマンジを発見、偶然にもジャングルに飛ばされていたアランが呼び戻される。すっかり変わってしまった世界を立て直そうと、アランは再びゲームに挑むが──。

MY RECORD

Title　ジュマンジ

Date　　　．．（　）

☆☆☆☆☆

memo

『ミクロキッズ』

 優しい子に育っているようです。

 ありが男の子のために
刺されて死んじゃったのが
とてもかわいそうで
ないちゃった。

えーんえーん。

監督	ジョー・ジョンストン　1989年・アメリカ　93分
キャスト	リック・モラニス（富山敬）、マーシャ・ストラスマン（鈴木弘子）、エミー・オニール（玉川沙己子）、ロバート・オリベリ（堀旬子）、マット・フリューワー（納谷六朗）
あらすじ	サリンスキー博士は電磁物体縮小マシンを開発中。ある日マシンが作動し、子供たちを6ミリに縮めてしまった！ ゴミと一緒に裏庭に捨てられた子どもたち。まるでジャングルのような裏庭で大奮闘を繰り広げる。果たして元の姿に戻れるのか？

37 CHIAKI'S recommendation

『リトル・ミス・サンシャイン』

映画も観慣れてきたので、
**冒険ものばかりじゃなくても
面白く観れるみたい。**
よかった。

おもしろかった！
**でもおじいちゃんが死んじゃったのが
かわいそう** だった。

CINEMA Data

監督	ジョナサン・デイトン／ヴァレリー・ファリス 2006年・アメリカ　103分
キャスト	アビゲイル・ブレスリン（永田亮子）、グレッグ・キニア（内田直哉）、ポール・ダノ（小野大輔）、アラン・アーキン（松井範雄）、トニ・コレット（田中敦子）、スティーヴ・カレル（岩崎ひろし）
あらすじ	田舎町アリゾナに住む少女オリーブ。なんの取り得もない彼女が、ひょんなことから全米美少女コンテスト地区代表に選ばれた！　オリーブ一家は黄色のオンボロ車で、決戦の地カリフォルニアを目指す。それぞれが問題を抱えるバラバラな家族が一台の車に乗り込み、奇妙でハートフルな旅が始まった。

DVD 発売中　20世紀フォックス ホーム エンターテイメント ジャパン
©2012 Twentieth Century Fox Home Entertainment LLC. All Rights Reserved.

『オズ はじまりの戦い』

オズの魔法使いは親子揃って大好きだから、
ある程度のストーリーは把握してましたが
これは続きものですね。

**オズの最初の最初の
ストーリー** でした。今後が楽しみ。

喋るおさるさんがかわいかった。
私のおさるさんも

早く喋ってくれないかなあ。

CINEMA Data

- **監督** サム・ライミ　2013年・アメリカ　130分
- **キャスト** ジェームズ・フランコ（花輪英司）、ミラ・クニス（小林沙苗）、レイチェル・ワイズ（甲斐田裕子）、ミシェル・ウィリアムズ（園崎未恵）、ザック・ブラフ（小森創介）、ジョーイ・キング（飯野茉優）
- **あらすじ** 偉大な男になることを夢見る手品師オズは、魔法の国に迷い込む。美しいその国は悪い魔女の手に落ちていた。そして「オズという名の魔法使いが国を救う」という魔法の国に伝わる言い伝えから、伝説の魔法使いと間違われてしまう――。「スパイダーマン」のサム・ライミ監督が、「オズの魔法使い」の魔法使い・オズの誕生秘話を描く！

『スパイキッズ』

子どもが活躍する映画 はやはり
大好き ですね。
夢中になってその気になる。

すごいハマった。
うらやましかった。

CINEMA Data

発売元：ワーナー・ブラザース・ホームエンターテイメント

監督 ロバート・ロドリゲス　2001年・アメリカ　88分

キャスト アントニオ・バンデラス（大塚明夫）、カーラ・グギノ（高乃麗）、アレクサ・ヴェガ（清水理沙）、ダリル・サバラ（常盤祐貴）、アラン・カミング（小堺一機）、トニー・シャループ（岩崎ひろし）、ロバート・パトリック（増谷康紀）

あらすじ 世界最強の敵同士だった2人のスパイが恋に落ち、家庭を築く。2人の子どもたち、カルメンとジュニは両親が元スパイとも知らずに元気いっぱいに暮らしている。しかし、あるときパパとママが誘拐されちゃった！ カルメンとジュニは残されたスパイ・グッズを駆使して、パパとママ、そして地球を救う史上最大の作戦に立ち上がった。

CHIAKI'S recommendation

『ホーム・アローン』

 名作は一度は観せないとね。

 ママに「うるさいな」とか
「あっちいけ」とか思ったことあるけど、
私をおいてってどっか行っちゃったり、
つぎの日にみんながいなく
なっちゃったりしたら

ちょーパニック

　　　　　　　　　　になるよー！

ピタゴラスイッチみたいに
いろんな「しかけ」をしていたのが
「スゴッ頭いいっ！」
っておもったよ！

監督	クリス・コロンバス　1990年・アメリカ　103分
キャスト	マコーレー・カルキン（折笠 愛）、ジョー・ペシ（青野 武）、ダニエル・スターン（安原義人）
あらすじ	パリでクリスマス休暇を過ごそうと飛行機に乗り込んだ15人の大家族。飛行機の中で思い出した大事な忘れ物は、8歳のケビンだった！　家に取り残されたケビンは、一人の自由を思う存分楽しんでいたが、そこに留守宅を狙っている2人組の泥棒が現れる。

DVD発売中　20世紀フォックス ホーム エンターテイメント ジャパン
©2012 Twentieth Century Fox Home Entertainment LLC. All Rights Reserved.

MY RECORD

memo

Title　ホーム・アローン

Date　　　　.　.　（　）

☆ ☆ ☆ ☆ ☆

CHIAKI'S recommendation

『千と千尋の神隠し』

 これは苺さんからのリクエスト。

子どもって同じ映画を何回も何回も繰り返し観るよね。

わたしならどうせ同じ映画観るなら違う映画を観ようと思うんだけど。これは合理的な性格だからか？

 おばけがでてきて
め〜〜っちゃくちゃおもしろくて、

3回も見ちゃった！！

ヤバイよー！！

監督	宮崎駿　2001年・日本　125分
キャスト	(声の出演) 柊瑠美、入野自由、夏木マリ、内藤剛志、沢口靖子、我修院達也、神木隆之介、玉井夕海、大泉洋、はやし・こば、上條恒彦、小野武彦、菅原文太
あらすじ	千尋は10歳、どこにでもいそうな普通の女の子。ふとしたことから両親とはぐれた千尋は、少年・ハクに導かれ不思議な町に迷い込んだ。そして、ハクが紹介してくれた湯婆婆に「千」という名をもらい、働きはじめることとなる。釜爺やカオナシといった個性豊かな面々に囲まれて、慌ただしい生活がはじまった──。

MY RECORD

Title　千と千尋の神隠し

Date　　　.　.　(　)

☆☆☆☆☆

memo

『17歳のカルテ』

わたしでもちょっと難しかったから
観せなきゃ良かったかな？って思ったら
面白かった！っていったから
子どもの感性は不思議。

途中で抜け出して
自由にやってた。

なんか気になる映画。

CINEMA Data

コレクターズ・エディション
発売中 1,410円＋税　発売・販売元：ソニー・ピクチャーズ エンタテインメント

- **監督**　ジェームズ・マンゴールド　1999年・アメリカ　127分
- **キャスト**　ウィノナ・ライダー（高橋理恵子）、アンジェリーナ・ジョリー（湯屋敦子）、バネッサ・レッドグレーブ（藤波京子）、ウーピー・ゴールドバーグ（小宮和枝）、ジャレッド・レト（佐藤 淳）
- **あらすじ**　17歳のスザンナは自殺を図ったと誤解され、精神病院に入院することに。そこには心に傷を負い、さまざまな症状を抱えた少女たちがいた。彼女たちは夜になると、リーダー格のリサを中心に監視の目を盗み、自分たちのカルテを見ていた。ある日、スザンナはリサに一緒に脱走しようと持ちかけられる。

『チャーリーズ・エンジェル』

 絶対ハマるだろうと観せたら
予想通りどハマりした。

 私もこんなのになりた〜い!!
言葉に出ないくらいヤバイ!!

セクシーだし!!

CINEMA Data

コレクターズ・エディション
発売中 1,410円+税 発売・販売元：ソニー・ピクチャーズ エンタテインメント

監督 McG（マックジー） 2000年・アメリカ 98分

キャスト キャメロン・ディアス（沢海陽子）、ドリュー・バリモア（松本梨香）、ルーシー・リュー（高山みなみ）、ビル・マーレー（江原正士）

あらすじ ナタリー、ディラン、アレックスは、謎の上司チャーリーのもと任務をこなす"チャーリーズ・エンジェル"。彼女たちの元に、誘拐されたノックス・テクノロジー社の創立者を奪還すべく指令が届く。エンジェルたちは得意の変装を活かした潜入捜査を開始。空から、海から、狙いをつけた犯人を追いつめる！ 70年代アメリカの人気テレビドラマの映画化。

44 CHIAKI'S recommendation 『キューティ・ブロンド』

おバカな学園もの、
わたしが好きなので観せてみました。
これからどんどん
キラキラしたスクールライフ
を送って欲しいな。

おしゃれだった。
なんでもかんでも
大げさだった。

CINEMA Data

<特別編>DVD 発売中 20世紀
フォックス ホーム エンターテイメント
ジャパン
©2012 Metro-Goldwyn-Mayer
Studios Inc. All Rights Reserved.
Distributed by Twentieth Century
Fox Home Entertainment LLC.

監督 ロバート・ルケティック　2001年・アメリカ　96分
キャスト リーズ・ウィザースプーン（松本梨香）、ルーク・ウィルソン（内田直哉）、セルマ・ブレア（岡寛恵）、マシュー・デイヴィス（川島得愛）
あらすじ 美容とファッションに抜群の自信を持つ天然ブロンド娘エル。ところが政治家志望のボーイ・フレンドから「議員の妻向きじゃない」と振られてしまった。エルは彼を追って、猛勉強。名門ハーバード大の法学部に合格する。けれど、質実剛健を旨とする東海岸の人々の考え方や習慣はエルとことごとく対立、クラスメートからいびられて大ピンチ！

MY RECORD

memo

Title　キューティ・ブロンド

Date　　　．　．（　　）

☆☆☆☆☆

『マスク①②』

 マスク2はココリコが吹き替えをやっているので、苺さんはパパだ——って喜んでいました。

わたしは昔、マスクが上映した時にジムキャリーにスペースシャワーのインタビュアーとしてインタビューしに行って。まだど新人のわたしに、

『君は面白いね！
将来大物になるよ！』

って言ってくれて有頂天になった経験があります。

 マスク、顔がこわい。
おもしろいけど。

マイロ
（犬の名前）
かわいい。

CINEMA Data

発売元：ワーナー・ブラザース・ホームエンターテイメント
©1994 New Line Productions, Inc.

マスク1

監督 チャールズ・ラッセル　1994年　101分

キャスト ジム・キャリー（山寺宏一）、キャメロン・ディアス（伊藤美紀）、ピーター・リーガート（稲葉 実）、ピーター・グリーン（戸谷公次）

あらすじ シャイな銀行員スタンリー・イプキスは、古ぼけた仮面を手にする。何気なく仮面を付けたとたん別人に変身を遂げた。謎の仮面を付けている間は積極的になる彼は、ティナを口説いたり悪者をやっつけたりの大活躍。でも、マスクがないとスタンリーは、本当にステキにはなれないの？

マスク2

監督 ローレンス・グーターマン　2005年・アメリカ　96分

キャスト ジェイミー・ケネディ（田中直樹）、アラン・カミング(遠藤章造)、トレイラー・ハワード（ベッキー）、リーアム・ファルコナー（金田朋子）、ボブ・ホスキンス（内海賢二）

あらすじ さえない漫画家ティムはマスクのおかげで緑の怪人マスク・ティムに変身できるようになる。ミラクルパワーを持つマスク・ベイビーの育児に振り回されていたある日、イタズラの神様ロキがティムからマスクを奪い返そうとベイビーを誘拐する。ティムはベイビーを取り戻せるのか!?

MY RECORD

memo

Title　マスク

Date　　．．（　）

☆☆☆☆☆

『マリリン 7日間の恋』

これも苺さんからのリクエスト。
いっぱい映画の勉強になるね。

かわいくてセクシーでかっこよくてすごかった！
さすがマリリンモンローだなと思った。

CINEMA Data

3,800円＋税 発売元：カルチュア・パブリッシャーズ 販売元：株式会社 KADOKAWA 角川書店
©2011 The Weinstein Company LLC. All Rights Reserved.

監督 サイモン・カーティス 2012年・アメリカ 100分

キャスト ミシェル・ウィリアムズ、ケネス・ブラナー、エディ・レッドメイン、ジュリア・オーモンド、ダグレイ・スコット、ドミニク・クーパー、エマ・ワトソン、シュプィ・ゼング、ゾー・ワナメイカー

あらすじ マリリン・モンローにはまだ秘密があった──。1956年、ローレンス・オリヴィエ監督・主演の『王子と踊り子』撮影のためロンドンに来たマリリン・モンロー。プレッシャーで仕事に集中ができないマリリンは、下っ端の第三助監督コリンに悩みを打ち明けアドバイスをもらう。次第に2人は親密な関係に発展していく。

『人生はビギナーズ』

わたしが面白かった！
色んな生き方がある。
常々思ってる、

人生一度きり。

もっと楽しまないと！

パパが幸せなら
いいや。

CINEMA Data

発売元：株式会社クロックワークス
販売元：アミューズソフト　3,800円
＋税　提供：ファントム・フィルム／クロックワークス　©2010 Beginners Movie, LLC. All Rights Reserved.

監督　マイク・ミルズ　2010年・アメリカ　105分
キャスト　ユアン・マクレガー、、クリストファー・プラマー、メラニー・ロラン、ゴラン・ヴィシュニック
あらすじ　アートディレクターのオリヴァーは、内気で真面目な38歳独身男。ある日、44年連れ添った妻に先立たれ、自らもガンを宣告された父ハルから、ゲイであることを告白される。厳格だった父のカミングアウトに戸惑いつつも、新たな人生を謳歌し始めた父と少しずつ距離を縮めていくオリヴァー。やがて彼の前に、フランス出身の女優アナが現われる。

『猿の惑星　創世記（ジェネシス）』

新しい方です。
この映画の脇役の悪役の顔を見て、
絶対この人あの映画に出てた！とか言うので、
でもそのひとの名前を調べるところから大変だったけど
ググりまくったら苺さんの言う通りでした。

記憶力すごー。
顔の判別力、すごー。

わたしみんな同じ顔に見える。

さいご男の人としゅやくのおさるさんが
わかれるところがないた (;_;)

みんなおさるの
ためだけど！

CINEMA Data

監督 ルパート・ワイアット　2011年・アメリカ　105分

キャスト ジェームズ・フランコ（関 智一）、フリーダ・ピント（東條加那子）、ジョン・リスゴー（阪 脩）、アンディ・サーキス（チョー）

あらすじ 舞台は現代のサンフランシスコ。若き神経科学者、ウィルが新薬を投与した一匹のチンパンジーが驚くべき知能を示した。そのチンパンジーは突如暴れ出し射殺された。ウィルはチンパンジーの赤ん坊を連れ帰り、シーザーと名付けて育てることに。3年後、すくすくと育ったシーザーは類まれな知性を発揮し始めていく。

DVD 発売中　20世紀フォックス ホーム エンターテイメント ジャパン
©2014 Twentieth Century Fox Home Entertainment LLC. All Rights Reserved.

MY RECORD

memo

Title　猿の惑星　創世記（ジェネシス）

Date　　　．　　．　（　　）

☆☆☆☆☆

『奥さまは魔女』

 魔女とついたら何でも観たくなる苺さん。
夢は魔法使いなので。

 私もまじょになりたいな〜☆と思っているので、
まじょでいいな〜と思いました。
でもそのおくさまが

「私がまじょ
私はまじょ」

と言っているのに、
へんな男の人が全ぜんしんじてくれないのが
ちょっとムカついた！

監督	ノーラ・エフロン　2005年・アメリカ　102分
キャスト	ニコール・キッドマン（岡本麻弥）、ウィル・フェレル（山寺宏一）、シャーリー・マクレーン（北浜晴子）、マイケル・ケイン（中村　正）、クリスティン・チェノウィス（濱田マリ）
あらすじ	魔女のイザベルは、魔法を使わない普通の恋を求めてロサンゼルスで独り暮らしを始めた。ＴＶドラマ「奥さまは魔女」のサマンサ役に抜擢されたイザベルは、魔女であることを隠したまま、ダーリン役のジャックと恋に落ちる。好きになればなるほど不安は募り、秘密にしていることに耐えられなくなった彼女は、魔女であることをジャックに打ち明ける——。

発売中　1,410円＋税　発売・販売元：ソニー・ピクチャーズ エンタテインメント

MY RECORD

Title　奥さまは魔女

Date　　　．　．（　　）

☆☆☆☆☆

memo

 『シザーハンズ』

 ジョニーデップが出る映画が大好きな苺さん。わたしは街並が好き。

 感動した。ハサミが器用でうらやましい。

監督	ティム・バートン　1990年・アメリカ　105分
キャスト	ジョニー・デップ（塩沢兼人）、ウィノナ・ライダー（玉川砂記子）、ダイアン・ウィースト（鈴木弘子）
あらすじ	丘の上の広い屋敷に年老いた発明家が住んでいた。彼は人造人間エドワードを作っていたが、完成間近に急死。エドワードは両手がハサミのままに取り残されてしまった。化粧品のセールスで屋敷を訪れたペグは、エドワードと出会い、彼を家に連れて帰る。エドワードは思わぬ才能を発揮し、町の人気者に。そしてペグの娘キムに心を惹かれてゆく。

〈特別編〉DVD発売中　20世紀フォックス ホーム エンターテイメント ジャパン
© 2012 Twentieth Century Fox Home Entertainment LLC. All Rights Reserved.

MY RECORD

memo
....
....
....
....
....
....
....
....

Title　シザーハンズ

Date　　　．．（　　）

☆ ☆ ☆ ☆ ☆

『ローマの休日』

名作中の名作、『ローマの休日』。

女の子なら
一度は観ておかないとね。

最後の男の人、ドンマイ。

CINEMA Data

DVD 発売中　発売元：パラマウントジャパン　1,429円＋税
TM & ©1953 Paramount Pictures Corporation. All Rights Reserved.
TM, ® & © 2014 by Paramount Pictures. All Rights Reserved.

監督	ウィリアム・ワイラー 1953年・アメリカ　118分
キャスト	グレゴリー・ペック（城達也）、オードリー・ヘプバーン（池田昌子）エディ・アルバート（大塚明夫）
あらすじ	ヨーロッパのとある王室の王位継承者、アン王女。公務に縛られた毎日にうんざりしている彼女は、親善旅行で訪れたローマの宮殿から脱走を図る。偶然に王女と出会ったアメリカ人の新聞記者ジョーは、転がり込んだ大スクープのチャンスを逃さないよう、王女とは知らないふりをしてローマ観光のガイド役を買って出る。束の間の自由とスリルを満喫するうちにアンとジョーの間に恋心が芽生えるが――。

『ジャックと天空の巨人』

苺さんはラスベガスへの飛行機の往復で
既に二回観ていて今回三回なので、
初めてのわたしにどんどん説明するから

ちょっとケンカになりそうに
なりましたwww

巨人こわい。
野球の巨人じゃないよ。

くさそう。

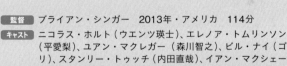

発売元：ワーナー・ブラザース・ホームエンターテイメント
© 2013 Warner Bros. Entertainment Inc. and Legendary Pictures Funding, LLC. All Rights Reserved.

監督　ブライアン・シンガー　2013年・アメリカ　114分
キャスト　ニコラス・ホルト（ウエンツ瑛士）、エレノア・トムリンソン（平愛梨）、ユアン・マクレガー（森川智之）、ビル・ナイ（ゴリ）、スタンリー・トゥッチ（内田直哉）、イアン・マクシェーン（佐々木勝彦）、アンドリュー・ブルック（千原せいじ）、アンガス・バーネット（博多華丸）、ベン・ダニエルズ（山里亮太）
あらすじ　もしも、天まで届く豆の木があったら？　その木を登って雲の上まで行けるとしたら？　貧しい農家の青年ジャックが馬と引き換えに手にした一握りの豆。ジャックが豆を植えると瞬く間に大きな木に成長し、巨人たちが暮らす天空への道となる。不朽の名作「ジャックと豆の木」が、息をもつかせぬ壮絶なバトル・アドベンチャーへと進化を遂げる！

『赤毛のアン』

千秋の娘なら
絶対観なきゃいけない

映画ベストテン

に入ります。
長い映画だけど面白く観てくれて本当に良かった。
これでレディの要素が少し入ってくれたかと。

勇気を持ってて何でもして
えらいなと思った。

CINEMA Data

監督	ケビン・サリバン
キャスト	ミーガン・フォローズ、コリーン・デューハースト、リチャード・ファーンズワース、マリリン・ライトストーン、シュイラー・グラント、ジョナサン・クロンビー
あらすじ	プリンス・エドワード島グリーン・ゲイブルスに暮らす夫婦マシューとマリラ。男の子の養子を求めた彼らだったが、手違いで赤毛の女の子、アンがやってくる。お喋りで空想好きなアンは島で生活を始め、心の友ダイアナ、クラスメートのギルバートたちとともに成長していく。

DVD & Blu-ray BOX 発売中　DVD：26,600円＋税　Blu-ray：33,600円＋税　発行：NHK エンタープライズ
販売元：バップ
©2010 Sullivan Entertainment Inc.

※本書に記載された情報は2015年2月現在のものです。

『エスター』

超こわーい。
でも面白かったからママ友たちに軽く説明してたら、みんなに

『千秋ちゃん、エスター？』

って言われたああああああ

血だらけの赤ちゃんに
映画のお母さんも「キャー」って言ってたし
ママも「わーみたくない」って言ってて
私も「キャー」と思った。でもちょっと見ちゃった。

CINEMA Data

発売元：ワーナー・ブラザース・ホームエンターテイメント
© 2009 Warner Bros. Entertainment Inc. All Rights Reserved.

監督 ジャウム・コレット＝セラ　2009年・アメリカ　123分
キャスト ベラ・ファーミガ（八十川真由野）、ピーター・サースガード（佐久田脩）、イザベル・ファーマン（矢島晶子）
あらすじ 赤ん坊を死産して悲嘆に暮れるケイトとジョンは、養子を迎えようと訪れた孤児院で、エスターという名の少女に惹きつけられる。引き取ったあとでエスターの本性に気づいたケイトは、家族の身の安全を守るため、愛らしい外見の裏に何が隠されているのかを知らせようとするが──。

『ドラえもん のび太の新魔界大冒険』

『ドラえもん のび太の新魔界大冒険』を観に行きました。
映画ブ、81本目ですね。

記念すべき
千秋ドラミ初登場
の映画です。

子どものころから好きな映画なので
私としてもとても嬉しかったです。
今も何回も観ています。

私も魔法使いになる。

CINEMA Data

監督 楠葉宏三（総監督）　寺本幸代（監督）
2007年・日本　112分

キャスト （声の出演）水田わさび、大原めぐみ、木村 昴、関 智一、かかずゆみ、千秋、相武紗季、河本準一、久本雅美

あらすじ のび太が「もしもボックス」で創った魔法世界。ドラえもんたちは、魔法を自由にあやつる少女、美夜子と出会う。美夜子の父は魔法学の研究者で地球の滅亡を企む悪魔族の星、魔界星が地球に接近していると唱えていた。ドラえもんたちは悪魔族と戦うことを決意する！　脚本は小説家の真保裕一。

ブルーレイ&DVD 発売中　発売元：小学館　©藤子プロ・小学館・テレビ朝日・シンエイ・ADK 2007

MY RECORD

Title　ドラえもん
　　　のび太の新魔界大冒険

Date　　　．．（　）

☆☆☆☆☆

memo

『ルームメイト』

昔の **女同士の怖い映画。**
苺さんには早いかな？って思ったけど
わたしが久しぶりに観たかったので。

ラブラブなシーンも
あった気がするけどそれは
**目をつぶって
みないようにした。**
面白かった。

CINEMA Data

発売中　1,410円+税　発売・販売
元：ソニー・ピクチャーズ エンタテ
インメント

監督	バーベット・シュローダー　1992年・アメリカ　107分
キャスト	ブリジット・フォンダ（勝生真沙子）、ジェニファー・ジェイソン・リー（水谷優子）、スティーブン・ウェバー（山寺宏一）、ピーター・フリードマン（大塚明夫）、スティーブン・トボロウスキー（麦人）
あらすじ	大都会の日常に潜む恐怖をあぶりだす傑作サイコ・サスペンス！　マンハッタンのアパートに住むアリソンはヘドラという女性とルームシェアを始めた。二人の生活は順調に進むかに見えたが、ヘドラは心の奥底に潜んでいた狂気を徐々に露わにし始める。自分への愛を求めるヘドラと追いつめられたアリソンとの、死を賭けた闘いが始まった！

『パイレーツ・オブ・カリビアン 呪われた海賊たち』

 このシリーズは長いけど、やっぱり面白いね。たまにストーリーが

頭の中でぐちゃぐちゃ

になっちゃうwまだまだだなあ。

敵の 海賊 がいつも怖い。

このシリーズは好きだからぜんぶ観たい。

CINEMA Data

- 監督　ゴア・ヴァービンスキー　2013年・アメリカ　143分
- キャスト　ジョニー・デップ（平田広明）、ジェフリー・ラッシュ（壌晴彦）、オーランド・ブルーム（平川大輔）、キーラ・ナイトレイ（弓場沙織）、ジョナサン・プライス（村松康雄）
- あらすじ　カリブ海の港町ポート・ロイヤルが海賊たちに襲われた。海賊の狙いは総督の娘エリザベスで、彼女をさらって行く。エリザベスに思いを寄せていたウィルは、一匹狼の海賊ジャック・スパロウと手を組み海賊たちを追うことに。ジャックによると、海賊たちは呪いにかけられており、呪いを解くには「黄金のメダル」が不可欠だというのだが。

『アンタッチャブル』

言わずと知れた名作。

昔、観たけど
あんまり覚えてなかったから
改めて観て良かった。
友達のオススメ。

こわかった。

CINEMA Data

〈通常版〉DVD 発売中 1,429円＋税
発売元：パラマウント ジャパン
TM & COPYRIGHT©1987 BY
PARAMOUNT PICTURES. All
Rights Reserved.

監督 ブライアン・デ・パルマ　1987年・アメリカ　119分

キャスト ケヴィン・コスナー（大塚芳忠）、ショーン・コネリー（坂口芳貞）、アンディ・ガルシア（山野井仁）、チャールズ・マーティン・スミス（牛山茂）、ロバート・デ ニーロ（池田勝）、ビリー・ドラゴ（中田和弘）、リチャード・ブラッドフォード（藤本 譲）

あらすじ 1930年代、禁酒法下で密造酒市場が広がり、ギャングの抗争が絶えないシカゴ。財務省特別捜査官のエリオットはギャングのボス、アル・カポネ逮捕に執心しする。エリオットのもとに集められたのは老警官マローンに、財務省の部下ウォレス、若き警官ジョージ。4人の「アンタッチャブル」は正義を貫き通すことができるのか！？

『プリンセスと魔法のキス』

普通、映画とかだとお金持ちの女の子って意地悪なのが普通なのに、
これは心が優しいところが
この映画の好きなところ♡♡

めちゃくちゃめちゃくちゃヤバイ！
おもしろかった！

お金持ちの女の子が
性格良かった！

CINEMA Data

- **監督** ジョン・マスカー、ロン・クレメンツ　2009年・アメリカ97分
- **キャスト** アニカ・ノニ・ローズ（鈴木ほのか）、ブルーノ・カンポス（丹宗立峰）、キース・デヴィッド（安崎求）、ジェニファー・ルイス（荒井洸子）、ジョン・グッドマン（玄田哲章）、ジム・カミングス（駒田一）、マイケル＝レオン・ウーリー（小林アトム）、テレンス・ハワード（三上市朗）、オプラ・ウィンフリー（杉村理加）
- **あらすじ** ティアナは亡き父と夢見たレストランを開くため、けなげにウエイトレスをしていた。ある晩、舞踏会に出席したティアナの前に、一匹のカエルが現れる。自分は魔法で姿を変えられた王子だ、ティアナのキスで魔法が解けると言われ、しぶしぶキスをするティアナ。すると、ティアナまでカエルになってしまう——。ティアナと王子の魔法を解く旅が始まる。

『ピラニア』

なぜか
ジョーズのあとに
　　ピラニアを観たい

と言い出し、調べたら大丈夫そうだったから
観せてみたけど、
ちょいB級で面白かった。
苺さんはこの頃、映画の撮り方も
わかるようになってきたっぽい。
映像に興味が出てきたのかな。

ピラニアが襲ってくるシーンが
いつも同じで、
ただの魚が泳いでて
同じ音が流れてて気になった。

CINEMA *Data*

Blu-ray & DVD 発売中　発売元：ブロードメディア・スタジオ　販売元：ポニーキャニオン　DVD3,800円＋税、Blu-ray4,700円＋税　Blu-ray3Dコンプリート・エディション　5,800円＋税／2枚組　©2010 THE WEINSTEIN COMPANY, LLC. ALL RIGHTS RESERVED.

監督　アレクサンドル・アジャ　2010年／アメリカ　89分

キャスト　エリザベス・シュー、アダム・スコット、ジェリー・オコンネル、ヴィング・レイムス、ジェシカ・ゾア、スティーブン・R・マックイーン、リチャード・ドレイファス、クリストファー・ロイド、ケリー・ブルック

あらすじ　アメリカ南西部、ビクトリア湖畔では春シーズン恒例のイベントで盛り上がっていた。ビキニ姿の女性と、彼女たちを取り巻く男たちはすっかり興奮状態。そんな時、湖底で大規模な地割れが発生し、その裂け目から何千匹もの凶暴な太古のピラニアが湧き出てきた！1978年に大ヒットを記録した「ピラニア」を3D映画としてリメイク。

MY RECORD

Title　ピラニア

Date　　　．　．（　　）

☆☆☆☆☆

memo

CHIAKI'S recommendation

『ペーパー・ムーン』

苺さん、もしかして

初めての白黒映画？？？

びっくりしてました。

白黒だったけど、面白かった。
頭いいし、

あのひとが
お父さんだとおもう。

CINEMA Data

監督　ピーター・ボグダノヴィッチ　1973年　102分
キャスト　ライアン・オニール（津嘉山正種）、テイタム・オニール（富永みーな）、マデリン・カーン（小原乃梨子）
あらすじ　母親を亡くした少女アディをミズーリ州の親戚の家まで送り届けることになった詐欺師のモーゼ。渋々アディを引き受けたものの、早々にアディと離れようと画策する。でもかしこく機転の利くアディはモーゼの詐欺の相棒として活躍。ふたりは旅行を続けることになる。

スペシャル・コレクターズ・エディション DVD発売中 1,429円+税 発売元：パラマウント ジャパン
TM& COPYRIGHT ©2004BY PARAMOUNT PICTURES. All Rights Reserved.

『ブレードランナー』

 これはわたしの好きな映画として苺さんに観せました。

この映画観ると
川崎を思い出す。

 あんまり意味がわかんなかった。

発売元：ワーナー・ブラザース・ホームエンターテイメント
© 2007 Warner Bros. Entertainment, Inc. All Rights Reserved.

監督	リドリー・スコット　1982年・アメリカ、香港　117分
キャスト	ハリソン・フォード、ルトガー・ハウアー、ショーン・ヤング、ダリル・ハンナ、ジョアンナ・キャシディ、エドワード・ジェームズ・オルモス、ブライオン・ジェームズ、ウィリアム・サンダーソン
あらすじ	舞台は2019年、近未来のロサンゼルス。元刑事のデッカードは刑事時代の上司から、宇宙から侵入したレプリカント（人造人間）を見つけ出すよう、頼まれる。デッカードは刑事時代、犯罪を犯したレプリカントを捉える「ブレードランナー」として名を馳せていた。デッカードは捜査中、レプリカント製造工場タイレル社で謎の美女レイチェルと出会う。

『マンマ・ミーア！』

早くも今年ナンバーワン映画かも。
序盤のダンシングクイーンが流れた時点で
もう泣きそうになった。女性は元気が出る映画。

まだまだこれからも
頑張らなくちゃ！
頑張ったら
楽しいことが待ってる！

って思える素敵な映画でした。
また繰り返し観よう。

超面白い。かっこいい。
ミュージカルの中で
とても好き。
歌が全部いい。

CINEMA Data

DVD 発売中　1,429円＋税　発売元：NBC ユニバーサル・エンターテイメント
©2008 Universal Studios and Internationale Filmproduktion Richter GmbH & Co. KG. All Rights Reserved.

監督　フィリダ・ロイド　2008年・アメリカ　109分

キャスト　メリル・ストリープ、アマンダ・セイフライド、ピアーズ・ブロスナン、コリン・ファース

あらすじ　ギリシャのリゾート地カロカイリ島。ソフィは母ドナと二人暮らし。結婚を控えるソフィはヴァージンロードを父親と歩きたいとの思いから、母の日記から父親候補を見つけ出し招待状を送っていた。結婚式前日に現れたのは、3人の父親候補！　ヴァージンロードを一緒に歩くのは、一体誰！？　ABBAのヒットナンバーで綴る最高のハッピームービー！！

MY RECORD

Title　マンマ・ミーア！

Date　　　．　．　（　　）

☆☆☆☆☆

memo

『アタック・オブ・ザ・キラー・トマト』

ジョーズ、ピラニア、ときて次はキラートマト！

人喰いトマトの映画。
でもこれぞまさに

愛すべきB級映画。

こういうタッチの映画もあるんだよってことを
知ってくれたらいいな。

苺さんはトマトが全然出てこない！ トマトに顔がない！ って
怒ってたけど笑ってました。
この映画の軍歌みたいなテーマ曲が頭から離れない。

顔もないただのトマトがおそってくるといっても、

赤いボールが転がってるだけで変なの！

でも音楽がこわい。

監督	ジョン・デベロ　1995年・アメリカ　90分
キャスト	デヴィッド・ミラー、ジョージ・ウィルソン、シャロン・テイラー、"ロック"ピース、アーニー・メイヤース、ジャック・ライリー
あらすじ	ある日突如としてトマトが人間を襲い始めた。この殺人トマトは元はといえば政府の極秘実験が生んだもの。軍は殺人トマトに挑むがなかなか退治することができず、アメリカ全土はパニックに陥る。日に日に増え続けるトマトたちは巨大化し、ついには軍対巨大殺人トマトたちの全面戦争が勃発する！

MY RECORD

Title　アタック・オブ・ザ・キラー・トマト

Date　　　．．（　）

☆☆☆☆☆

memo

CHIAKI'S recommendation

『アイ・アム・サム』

 いっぱい笑ったし
いっぱい感動した。

 すごい感動する。

がんばれー って。

CINEMA Data

発売元：ワーナー・ブラザース・ホームエンターテイメント
© 2001 New Line Productions, Inc.

監督 ジェシー・ネルソン　2001年・アメリカ　133分
キャスト ショーン・ペン（山路和弘）、ミシェル・ファイファー（塩田朋子）、ダコタ・ファニング（金田朋子）
あらすじ 知的障害のあるサムはコーヒーショップで働きながら、ルーシーという可愛い一人娘と暮らしている。しかし、ルーシーが7歳になると、父親サムにはルーシーを養育できないとソーシャル・ワーカーに宣告されてしまう。ルーシーの知能がサムを追い抜いてしまうというのだ。サムはやり手女弁護士の力を借りて、娘の養育権を取り戻そうと奮闘する。

『アメリカン・ビューティー』

いい映画。
好きな映画。
こういう映画をもっと観たいな。

オススメあったら
千秋Twitter
で教えてね

ふつう。

CINEMA Data

DVD 発売中 1,429円＋税 発売元：パラマウントジャパン
TM&©1999 DREAMWORKS LLC. ALL RIGHTS RESERVED. TM & © 2012 DreamWorks LLC. All Rights Reserved.

監督 サム・メンデス 1999年・アメリカ 117分
キャスト ケビン・スペイシー（寺泉憲）、アネット・ベニング（小山芙美）、ソーラ・バーチ（小笠原亜里沙）、ウェス・ベントレー（谷川俊）、ミーナ・スヴァーリ（小島幸子）、ピーター・ギャラガー（中田譲治）、クリス・クーパー（西村知道）
あらすじ 40歳過ぎの広告マンレスター。妻キャロリンは夫への愛情はなく、娘ジェーンは反抗期の娘らしく父親を避けている。ある日、解雇通告を受けたレスターは、娘の友達である美少女に恋をする。隣家に越してきた元海兵大佐のフィッツ一家を巻き込み、それぞれの人生の歯車が少しずつ狂いだす……。

『フィフス・エレメント』

ほんとに面白いの？ ほんとに？
って疑っていたのは最初の三分間だけ。
あっという間に夢中になってました。
わたしが特に観せたかったのは実は最初の方の、
ビルの合間をぬう、

空飛ぶタクシー

の交通シーン。
ストーリーにはあんまり関係ないけど、

未来っぽくて

大好きなシーン。
漫画とかアニメではよくあるシーンだけど、
実写で観せたかった。

男みたいな女みたいな
おじさん

が可愛くて面白かった。
あのひと男かな？ 女かな？

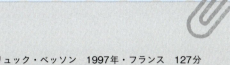

1,219円＋税　発売元：アスミック・エース　販売元：株式会社KADOKAWA 角川書店
©1997 GAUMONT. All Rights Reserved.

監督	リュック・ベッソン　1997年・フランス　127分
キャスト	ブルース・ウィリス、ミラ・ジョヴォヴィッチ、ゲイリー・オールドマン、クリス・タッカー
あらすじ	23世紀。コーネリアス神父は、宇宙連邦の大統領に地球に接近している有機体は邪悪な反生命体であることを告げる。宇宙最高の知力を持つモンドシャワン人が地球を助けに向かっていたが、彼らの宇宙船は撃墜されてしまう。そんなとき、元宇宙連邦特殊部隊員で今はタクシー運転手のコーベンは謎の美女リールーと出会う。人類は地球滅亡の危機を回避できるのか！？

MY RECORD

memo

Title　フィフス・エレメント

Date　　　．．（　）

☆☆☆☆☆

CHIAKI'S recommendation

『テルマエ・ロマエ』

おしりがいっぱい出てくるのに
真面目な顔してるようなシーンが子どもは好きですね。

おしり！
おしり！ってw

面白かった。
ウォシュレットで感動して
泣いてるのがウケた。

CINEMA Data

〈通常盤〉DVD 発売中　3,800円＋税　発売元：フジテレビジョン　販売元：東宝

- **監督**　武内英樹　2012年・日本　108分
- **キャスト**　阿部寛、上戸彩、北村一輝、竹内力、宍戸開、笹野高史、市村正親、キムラ緑子、勝矢、外波山文明、飯沼慧、岩手太郎、木下貴夫、神戸浩、内出春菊、松尾諭、森下能幸、蛭子能収
- **あらすじ**　風呂を愛する二つの民族が出会ったとき、世界の歴史が大きく動き出す！
古代ローマ帝国の浴場設計技師ルシウスは、友人に誘われて訪れた公衆浴場で、突然、現代日本の銭湯にタイムスリップしてしまう。漫画家志望の真実ら「平たい顔族（＝日本人）」と出会い、日本の風呂文化に衝撃を受けたルシウス。古代ローマに戻り、そのアイディアを使うと大きな話題を呼ぶ。評判を耳にした皇帝ハドリアヌスは、ルシウスに大浴場を作るよう命じるが――。

CHIAKI'S recommendation

『キサラギ』

邦画もチラホラと観るようになってきました。
ユースケ・サンタマリアとか塚地くんとか
知り合いが出てるのみると、
**わたしも一回でいいから
映画出てみたいなあ**と思うけど、
きっと難しいんだろうなあ。

大人の階段のーぼるー、
の人（香川照之さん）がおもしろかった。

CINEMA Data

監督	佐藤祐市　2007年・日本　108分
キャスト	小栗旬／ユースケ・サンタマリア／小出恵介／塚地武雅（ドランクドラゴン）／香川照之
あらすじ	売れないアイドル如月ミキが自殺で亡くなってから一周忌の日、ファンサイトで知り合った5人の男が集まった。愛するミキちゃんの追悼会として、思い出話に花を咲かせ、盛り上がるはずが、「彼女は殺されたんだ」という一言から事態は急変。次々と明かされる意外な事実。果たして如月ミキの死の真相は？　笑いと驚きと感動がつまった、極上の密室サスペンス誕生！

70
CHIAKI'S recommendation

『ミーン・ガールズ』

リンジー・ローハン主演の学園コメディ。
どこの国にも学校にも
意地悪な女王様みたいな女の子っているよね。
大人になってみると、そういう女の子って
とっても滑稽で可愛いく見えるけど、

学生時代は鬼だったよねえ。

こういう学園コメディものも好きだなあ、
なんも考えないで観れる。
他にももっとないかなあ？

いいな、楽しそう。

CINEMA *Data*

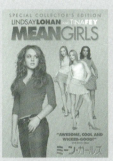

スペシャル・コレクターズ・エディション DVD 発売中　1,429円＋税　発売元：パラマウント ジャパン　TM & Copyright ©2004 by PARAMOUNT PICTURES.All Rights Reserved. TM,®& Copyright ©2005 by Paramount Pictures.All Rights Reserved.

監督　マーク・ウォーターズ　2004年　97分
キャスト　リンジー・ローハン、レイチェル・マクアダムス、ティム・メドウス、アナ・ガステヤー
あらすじ　アフリカの大自然の中で12年間、動物学者の両親に育てられたケイディ。16歳になってアメリカに帰国した彼女は、初めて学校に入学するけれど、今時のハイスクール生活は戸惑うことばかり！"女王蜂"レジーナ率いるセレブ・グループに仲間入りしたケイディは、レジーナの元カレと恋に落ちたことから、女同士の激しいバトルを繰り広げるはめに。

MY RECORD

memo

Title　ミーン・ガールズ

Date　　　.　　.　(　　)

☆ ☆ ☆ ☆ ☆

CHIAKI'S recommendation

『ニュー・シネマ・パラダイス』

昔にも観たんだけど
よく覚えてなかったのでもう一回。
世の中の評価ほど感動しないんだけど、
でも 観ておくべきな映画。

昔みたいな映画だね。

CINEMA Data

〈完全オリジナル版〉1,800円＋税
発売元：アスミック・エース　販
売元：株式会社KADOKAWA　角川
書店　©1989 CristaldiFilm

監督	ジュゼッペ・トルナトーレ　1989年・イタリア＝フランス　123分
キャスト	フィリップ・ノワレ、サルヴァトーレ・カシオ、マルコ・レオナルディ、ジャック・ペラン、アニェーゼ・ノーノ
あらすじ	戦後間もないシチリアの小さな村。映画館パラダイス座は大盛況で、少年トトも母親の目を盗んで通いつめていた。映写室になんとか入りこもうとするトトに手をこまねいていた映写技師のアルフレードだったが、やがて二人の間に不思議な友情が芽生えていく。

72

CHIAKI'S recommendation

『グランド・イリュージョン』

わあー
こういうのが映画の醍醐味！

最後も驚かされるし
映像も派手で豪華だし
続編期待。

もっと観たい！
続き（パート2のこと）ないの？

CINEMA Data

1,800円＋税　発売・販売元：株式会社 KADOKAWA　角川書店　©2013 SUMMIT ENTERTAINMENT, LLC. ALL RIGHTS RESERVED

- **監督**　ルイ・レテリエ　2013年・アメリカ　115分
- **キャスト**　ジェシー・アイゼンバーグ、マーク・ラファロ、メラニー・ロラン、モーガン・フリーマン、マイケル・ケイン、ウディ・ハレルソン、アイラ・フィッシャー、デイヴ・フランコ
- **あらすじ**　4人のスーパーイリュージョニストグループが、ラスベガスでショーをしながらパリの銀行から金を奪う！ＦＢＩ捜査官のディランとインターポールのアルマは、彼らがもっと大がかりな強盗を行う前に、阻止しようとするが、まったく尻尾をつかめない。劇中のイリュージョンは、プロマジシャン、デヴィッド・カッパーフィールドの協力のもと構成。

『バーレスク』

 これ、

好き！

有無を言わせず好き。もう三回以上観た。
サントラアルバムもすぐiTunesで買った。
ドリームガールズとかもそうだけど、

歌手を目指して
頑張る女の子

に対して、やはり感情移入激しいな、わたしは。
クリスティーナ・アギレラ可愛い。
苺さんもすっかりお気に入り。

 超おもしろい。
かっこいい。
歌がうまい。
いつも聴いてるよ。

CINEMA *Data*

発売中 1,410円+税 発売・販売元：ソニー・ピクチャーズ エンタテインメント

監督	スティーヴン・アンティン　2010年・アメリカ　119分
キャスト	シェール（高島雅羅）、クリスティーナ・アギレラ（魏 涼子）、エリック・デイン（斉藤次郎）、カム・ジガンデイ（佐藤せつじ）、ジュリアン・ハフ（細野雅世）、アラン・カミング（多田野曜平）、ピーター・ギャラガー（田中正彦）、クリステン・ベル（佐古真弓）、スタンリー・トゥッチ（岩崎ひろし）
あらすじ	歌手になる夢を追いかけて、ロサンゼルスに来たアリ。彼女はテスが経営するクラブで憧れの世界に出会い、アルバイトを始める。バーレスク・ラウンジ、それはセクシーなダンサーたちがゴージャスなショーを繰り広げる大人のためのエンタテインメントクラブ。やがてアリの抜群の歌唱力と突出したダンスの才能が話題となり、クラブは大盛況を極めていく。

MY RECORD

memo

Title　バーレスク

Date　　　．．（　）

☆☆☆☆☆

74 CHIAKI'S recommendation

『パーシー・ジャクソンとオリンポスの神々❶❷』

二本ともまとめて観ました。
ギリシャ神話の話みたいなのに
iPadとか出てきたり
世界観が面白かった。
シリーズ3が出たら映画館で観たいな。

iPad使ってるからびっくりした。
戦う時、私だったら
焦っちゃうのに
落ち着いててすごいな。

CINEMA Data

DVD 発売中 20世紀フォックス ホーム エンターテイメント ジャパン
©2013Twentieth Century Fox Home Entertainment LLC. All Rights Reserved.

パーシー・ジャクソンとオリンポスの神々 1

- 監督　クリス・コロンバス　2010年　119分
- キャスト　ローガン・ラーマン（宮野真守）、アレクサンドラ・ダダリオ（小笠原亜里沙）、ブランドン・T・ジャクソン（林勇）、ショーン・ビーン（玄田哲章）、ピアース・ブロスナン（大塚明夫）、ユマ・サーマン（木村佳乃）
- あらすじ　17歳のパーシー・ジャクソンはごく普通の少年だったが、とあるきっかけで自分はギリシア神話の神の血を引いていて、水を自在に操る能力が備わっていることを知る。神と人間との間に生まれた半神半人"デミゴッド"だったのだ——。神々の最強の武器"ゼウスの稲妻"を盗んだ疑いを晴らすため、そして冥界にさらわれた最愛の母を助けるため、パーシーは仲間とともに旅に出る。

2015年3月4日発売 DVD 本体1,419円＋税 20世紀フォックス ホーム エンターテイメント ジャパン

パーシー・ジャクソンとオリンポスの神々 2 魔の海

- 監督　トール・フロイデンタール　2003年・アメリカ　107分
- キャスト　ローガン・ラーマン（宮野真守）、アレクサンドラ・ダダリオ（渡辺麻友）、ブランドン・T・ジャクソン（林 勇）、スタンリー・トゥッチ（島田 敏）
- あらすじ　パーシーは、不気味な予言者の言葉から世界が危機にあることを知る。邪神クロノスの復活と世界の破滅を止めるために、パーシーとアナベスは、危険な魔物がうごめく魔の海へ乗り出していく。

MY RECORD

memo

Title　パーシー・ジャクソンとオリンポスの神々

Date　　　．　．（　　）

☆☆☆☆☆

『ゼロ・グラビティ』

宇宙にいる感じは凄かった。
宇宙食見たかったみたい。
そしてラストシーンの続きも気になるみたい。

あんなヘンなところに
ちゃくちして
どうするのよ！！

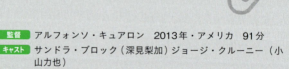

CINEMA Data

発売元：ワーナー・ブラザース・ホームエンターテイメント
© 2013 Warner Bros. Entertainment Inc. All Rights Reserved.

監督 アルフォンソ・キュアロン　2013年・アメリカ　91分
キャスト サンドラ・ブロック（深見梨加）ジョージ・クルーニー（小山力也）
あらすじ エンジニアのライアン・ストーン博士は、ベテラン宇宙飛行士マット・コワルスキーのサポートのもと、地球の上空60万メートルの無重力空間"ゼロ・グラビティ"で、データ通信システムの故障の原因を探っていた。その時、ヒューストンから作業中止の緊迫した命令が届く。破壊された人工衛星の破片が彼らのいる方向へ猛烈な速さで迫っているというのだ。襲い掛かる破片群により、一瞬にして宇宙空間へ放り出されたふたり。果たしてシャトルに戻ることはできるのか。

76 CHIAKI'S recommendation

『リンダ リンダ リンダ』

キラキラした
青春映画を観せたくて。
高校生になったらこんなこともあるんだよ、って**チラ見せ**みたいな。

青春だな！って思った。
（まだ青春知らないのに。私）

CINEMA Data

DVD 発売中　DVD4,800 円＋税
発売元：バップ
©『リンダ リンダ リンダ』パートナーズ

- **監督**　山下敦弘　2005年・日本　126分
- **キャスト**　ペ・ドゥナ、前田亜季、香椎由宇、関根史織（Base Ball Bear）、三村恭代、湯川潮音、山崎優子、甲本雅裕
- **あらすじ**　高校生活最後の文化祭に向けて練習を重ねてきたガールズバンド。ところがあと3日という時にメンバー二人がけがと喧嘩で抜けてしまった。残されたドラムの響子、ギターの恵、ベースの望の3人はザ・ブルーハーツのコピーを演奏することに。ボーカルには韓国からの留学生ソンをスカウトして、4人の猛練習が始まった！

77 CHIAKI'S recommendation 『ベスト・キッド』

 苺さん、どうやらジャッキー・チェンの映画はこれが初めてだったみたいで。

このひとだあれ？
もっと観たい。

と言ってました。
でしょうね。
ジャッキー・チェンはみんな好き。
まずは**ポリスストーリー**くらいから
観せてみようかな。
ストーリーはわかりやすくて、子どもの話だし、
好きだったみたい。

 私も習いたいな。

ジャッキー・チェンってかっこいいんだね。
（初ジャッキー映画です）

CINEMA Data

コレクターズ・エディション
発売中　1,410円+税　発売・販売元：ソニー・ピクチャーズ エンタテインメント

監督	ハラルド・ズワルト　2010年・アメリカ　140分
キャスト	ジェイデン・スミス（矢島晶子）、ジャッキー・チェン（石丸博也）、タラジ・P・ヘンソン（斉藤貴美子）
あらすじ	父を亡くし、母とふたりで新生活を求めてアメリカから北京に引っ越してきた少年ドレ。新しい環境になじめず、地元のカンフー少年チェンたちにいじめられる毎日。ドレは、あるときマンションの管理人ハンに助けられる。カンフーの達人であるハンは、「自分を守るために使う」条件でドレにカンフーを教え始める。ひたむきに訓練を重ね、逃げずに立ち向かうことの大切さも学んでいくドレ。そしてついにチェンとのカンフー決戦に臨む！！

MY RECORD

memo

Title　ベスト・キッド

Date　　　．．（　）

☆☆☆☆☆

『オーケストラ！』

 ほんの少しユダヤ人の歴史について説明することができた。

映画ってやっぱり勉強になるね。きっかけになる。

 おじいちゃんおばあちゃんたちが世界で活躍してすごいな。

監督	ラデュ・ミヘイレアニュ　2009年・フランス　124分
キャスト	アレクセイ・グシュコブ、メラニー・ロラン、フランソワ・ベルレアン、ドミトリー・ナザロフ、ミュウ＝ミュウ
あらすじ	劇場清掃員として働く中年男アンドレイは、かつてロシア・ボリショイ交響楽団で主席を務めた天才指揮者だった。彼は共産主義時代、ユダヤ系の演奏家たち全員の排斥を拒絶し解雇されたのだった。ある日、清掃中にアンドレイは、1枚のFAXを目にする。演奏を取りやめた楽団の代わりに出演するオーケストラを探しているという内容だった。彼は、かつての仲間を集めて偽のオーケストラを結成、パリに乗り込むことを思いつく。

 『独裁者』

 遂に**チャップリン**ですよ！！！

まず第二次世界大戦のこと、ヒトラーのこと、
ナチスのことなどを短く説明してから観せました。
風刺して批判した上でこんなに笑わせる映画を
戦争中に作っていたなんて
やっぱり凄いと思いました。

 コメディが面白かった。

CINEMA Data

監督	チャールズ・チャップリン　1940年・アメリカ　120分
キャスト	チャールズ・チャップリン、ポーレット・ゴダード、ジャック・オーキー、ヘンリー・ダニエル、ビリー・ギルバート
あらすじ	第1次世界大戦の傷跡も生々しいころ、トメニア国にはヒンケルという独裁者が出現、民衆の支持を得ていた。ヒンケルは信条であるユダヤ人迫害政策を推し進めていく。しかし、トメニアで床屋を営むヒンケルそっくりなユダヤ人が、とあるきっかけで、ヒンケルと間違われ、立場が入れ替わってしまう！

『スノーホワイト』

王子様があのひとなんて。
まさかと思ってずっとノーマークだったら結局このひと!?

お姫様話の王子様は見た目も家柄も良くも悪くも何もかも王子様であって欲しいわ。

悪い魔女がかっこいい。

CINEMA Data

DVD 発売中　1,429円＋税　発売元：
NBCユニバーサル・エンターテイメント　©2012 Universal Studios. ALL RIGHTS RESERVED

監督	ルパート・サンダーズ　2012年・アメリカ　127分
キャスト	クリステン・スチュワート、シャーリーズ・セロン、クリス・ヘムズワーズ、サム・クラフリン
あらすじ	スノーホワイトは美しいプリンセス。しかし、母亡きあと、新しい女王ラヴェンナが父王を殺し、王国は乗っ取られてしまった。スノーホワイトも7年間の幽閉生活を送ることになる。さらに、魔法の鏡が女王に若さと美、不死身の身体を手に入れるにはスノーホワイトの心臓が必要だと言ったため、女王はスノーホワイトを殺そうとする。闇の森へ逃げるスノーホワイトに女王の追手が迫る！

MY RECORD

memo

Title　スノーホワイト

Date　　　．　．（　）

☆☆☆☆☆

『紳士は金髪がお好き』

苺さん初のマリリン・モンロー。
前に『マリリン7日間の恋』を
リクエストしてきたのも苺さん。
その時は伝説のひとで存在するのかしないのか
よくわかってなかったみたいだけど、
今回いきなり観せたらえらく感動してました。

それにしても
古き良きアメリカ、
デザインも文化も素敵過ぎ！

え！？ これ本物の
マリリンモンロー？？？
すごい！！！

こんな声をしてるの？
　こんな動きをするの？

監督	ハワード・ホークス　1953年　92分
キャスト	マリリン・モンロー、ジェーン・ラッセル、チャールズ・コバーン
あらすじ	ブロンド美人のローレライと親友ドロシーはナイトクラブの花形ダンサー。ローレライの婚約者のおかげで2人は豪華客船でパリへ。ところが彼女の素行を疑う婚約者の父はこの船に探偵を乗り込ませていた。浮気な彼女は早くも鉱山王にモーションをかける。

DVD 発売中　20世紀フォックス ホーム エンターテイメント ジャパン
©2012 Twentieth Century Fox Home Entertainment LLC. All Rights Reserved.

MY RECORD

memo

Title　紳士は金髪がお好き

Date　　　.　.　(　)

☆☆☆☆☆

『HICK ルリ 13歳の旅』

これから思春期を迎える女の子に
観せておくにはピッタリ。

キックアスのクロエが初めて主演した作品。
下調べだと R12 な上に酷評だったけど、
R12は「保護者の下、観せて下さい」
とのことなので一緒に。
ヤバイとこあったらすぐ隠れる w という決まりで。
でも

そこまでヤバイのは
ありませんでした。

そして面白かった！

絵がかわいい！
わたしも描けそう、描きたい！

（すぐにまた画用紙に向かって色々描き始めてました。）

CINEMA Data

DVD 発売中　3,800円＋税　発売元：アース・スター エンターテイメント　販売元：東宝

監督	デリック・マルティーニ　2011年・アメリカ　99分
キャスト	クロエ・グレース・モレッツ、ブレイク・ライヴリー、エディ・レッドメイン、アレック・ボールドウィン
あらすじ	アメリカ中西部の田舎に住む13歳の少女ルリ。友達がいない彼女はTVの映画鑑賞と絵を描くのが大好き。ある日、両親が続けて蒸発してしまう。一人取り残されたルリは、誕生日プレゼントにもらった拳銃を手に、憧れの地ラスベガスへ向け、ヒッチハイクの旅に出る。

 MY RECORD

memo

Title　HICK　ルリ13歳の旅

Date　　　．．（　　）

☆☆☆☆☆

『スティーブ・ジョブズ』

ためになった。
Appleの歴史。

スティーブ・ジョブズの
ストーリー。

独創性のあるカリスマがいて、会社という組織の中でポジションがコロコロ変わる。

よく頑張ったと思った。

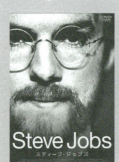

Blu-ray & DVD 発売中 発売元：ギャガ 販売元：ポニーキャニオン DVD 3,800 円＋税、Blu-ray4,700 円＋税
©2013 The Jobs Film,LLC.

CINEMA Data

監督 ジョシュア・マイケル・スターン　2013年・アメリカ　128分

キャスト アシュトン・カッチャー、ダーモット・マローニー、ルーカス・ハース、ジェームズ・ウッズ、J・K・シモンズ

あらすじ 2011年、56歳の若さでこの世を去った、アップル創業者の知られざる光と影。常に既成の枠組みを打ち破り、理想を求め続けたスティーブ・ジョブズ。天才の半生を描いた大注目作。ワガママで傲慢、自分の考えを絶対に曲げず、必要ならば友人さえも追い落とす非情な男とも言われた。そんな＜嫌われ者＞が、どうして世界中の人々から＜熱く愛されるデバイス＞を創ることが出来たのか──？　誰もが知る天才の、誰も知らない真実がここにある。

『アナと雪の女王』

苺さんは二回目。
これだけ話題になっていて
やっと観れました。

感想なんていらないね。
面白かった！

魔法が使えていいな。

何でもいいから
魔法を使いたい。

CINEMA Data

- **監督** クリス・バック、ジェニファー・リー　2013年・アメリカ　102分
- **キャスト** クリステン・ベル（神田沙也加）、イディナ・メンゼル（松たか子）、ジョシュ・ギャッド（ピエール瀧）、ジョナサン・グロフ（原慎一郎）、サンティノ・フォンタナ（津田英佑）
- **あらすじ** 王家の美しい姉妹、エルサとアナ。触れるものを凍らせてしまう力を持つ姉エルサは、妹アナを傷つけることを恐れ、幼い頃から自分の世界に閉じこもっていた。美しく成長したエルサは新女王としての戴冠式の日、力を抑えられず王国を冬に変えてしまった。さらに城から逃亡し、雪の女王として自在に力を操り始める。雪に覆われるばかりの王国。妹アナは姉と国を救うため雪山に旅に出る。

85 CHIAKI'S recommendation 『レオン』

最初はこれ面白いの？面白いの？
って聞いていたけれど
途中から
息を飲んで夢中で観ていました。

感動した。
あの悪いひとどっかで観たことあるよ、
あのね、
オレンジの
おかっぱの女の子の
未来の話のやつ
（多分『フィフス・エレメント』のこと）。
同じリュックベッソン監督だから
当たってるかもね。

CINEMA Data

〈完全版〉1,219円+税 発売元：
アスミック・エース 販売元：株式会社
KADOKAWA 角川書店
©1994 GAUMONT／LES FILMS DU DAUPHIN

- **監督** リュック・ベッソン　1994年・アメリカ、フランス　111分
- **キャスト** ジャン・レノ、ナタリー・ポートマン、ゲイリー・オールドマン、ダニー・アイエロ
- **あらすじ** 無口で孤独な殺し屋レオンの元に、同じアパートで暮らす少女マチルダが助けを求めてやってくる。家族を惨殺されたマチルダは、レオンの職業を知ると自分も殺し屋になりたい、と懇願する。観葉植物にしか興味がなかったレオンだったが、奇妙な共同生活が始まり、二人は徐々に心を通わせていく。そんな中、マチルダの家族を殺した犯人が、麻薬取締局の汚職警察官スタンフィールドだったことが判明する。

MY RECORD

Title　レオン

Date　　．．（　）

☆☆☆☆☆

memo

『アメリ』

お洒落だけど
ぼわーんってしてるの
アメリカ映画との違いを伝えました。

周りのみんなに絶対好きそう！ と言われて観たけど
その時はピンとこなかった。
でも今日、苺さんとちゃんと観たら面白かった。
なぜ当時、ピンとこなかったのか理由がわかった。
アメリの小さい頃からの少し変わった行動が、
わたしにとっては普通の行動だったからだ。
　　　　アメリがやる行動が次々紹介される度に

『あ、わたしと一緒だ！』

っていう苺さんを見て気が付いた。

なんか変わった感じの
映画だね。

CINEMA *Data*

発売中 2,381円+税 発売・販売元：ソニー・ピクチャーズ エンタテインメント

監督 ジャン＝ピエール・ジュネ　2001年・フランス　122分

キャスト オドレイ・トトゥ（林原めぐみ）、マチュー・カソヴィッツ（宮本 充）、ヨランド・モロー（池田昌子）、ジャメル・ドゥブーズ（根本泰彦）、ナンティ（銀粉蝶）、ドミニク・ピノン（内田直哉）、アンドレ・デュソリエ（ナレーション＝野沢那智）

あらすじ 幼いころから空想ばかりしているアメリは、大人になってモンマルトルのカフェで働いている。彼女の好きなことはクレーム・ブリュレのカリカリの焼き目をスプーンで壊すこと、周りの人たちの人生を今よりちょっとだけ幸せにする小さな悪戯をしかけること。そんな彼女がスピード写真コレクターのニノと出会い、恋に落ちるが──。

MY RECORD

memo

Title　アメリ

Date　　　．．（　）

☆☆☆☆☆

87 『モンスターズ・ユニバーシティ』

 映画館で二回観て、その後DVDで五回観た。去年の夏、**マイクの帽子が欲しくて** 日本全国探して手に入らなくて、結局 **マイク役の声優本人（爆笑問題の田中さん）からもらったぐらい** モンスターズファン！

 一回ママと見に行って、また観た!!

何回観てもおもしろい、たのしい!!

CINEMA *Data*

監督	ダン・スキャンロン　2013年・アメリカ　104分
キャスト	ビリー・クリスタル（田中裕二）、ジョン・グッドマン（石塚英彦）、ボニー・ハント（柳原可奈子）、スティーヴ・ブシェミ（青山穣）、ヘレン・ミレン（一柳みる）、ピーター・ソーン（嶋田翔平）、ジョエル・マーレイ（宝亀克寿）
あらすじ	マイクは、子どもたちを怖がらせられるエリートモンスターを目指して、モンスターズ・ユニバーシティの怖がらせ学部に入学。そこで出会ったのは怖がらせの才能に恵まれたサリーだった。『モンスターズ・インク』の前日譚を描くファンタジーアドベンチャー！

MY RECORD

memo

Title　モンスターズ・ユニバーシティ

Date　　　．　．　（　）

☆☆☆☆☆

『ダイヤル M を廻せ！』

ぼんやりとでもヒッチコックの映画を
体感するというのが目的。
なんと 1954 年のヒッチコック映画。
この映画、わたしは二回目、苺さんは初めて。
セリフ多めのミステリーだけあって
最初っから飽きていましたが、

それでもいいの。

**古き良き時代の
アメリカ 50 年代**

を感じて欲しい。
今後のファッションやデザイン性にも
影響を与えてくれるはずだからね。
わたしが十代の頃に 50's、60's、70's を勉強しまくって
知識を身につけたように。

子どもにはまだ早い映画だな。

発売元：ワーナー・ブラザース・ホームエンターテイメント
©1954 Warner Bros. Entertainment Inc. All Rights Reserved.

監督 アルフレッド・ヒッチコック　1954年・アメリカ　105分

キャスト レイ・ミランド、グレース・ケリー、ロバート・カミングス、アンソニー・ドーソン

あらすじ 元テニス選手のトニーと資産家の娘マーゴは一見仲の良い夫婦であったが、夫婦仲は冷めており、マーゴは推理作家マークと不倫の恋に陥っていた。それを知ったトニーはマーゴの殺害を企て、旧友レズゲートの弱みにつけこんでマーゴの殺害を依頼する。しかし襲われたマーゴがとっさにハサミでレズゲートを殺害してしまう。

MY RECORD

Title　ダイヤル M を廻せ！

Date　　　．．（　）

☆☆☆☆☆

memo

『ラスベガスをぶっつぶせ』

ラスベガス映画。

ぎゅんぎゅんくるね。

ラスベガスが好きだからラスベガスの映画が観たい。
世界中の夢を乗せたラスベガス。
もう住みたい。家買いたい。

ラスベガスに
早く帰りたいよー。

CINEMA Data

発売中 1,410円+税 発売・販売元：ソニー・ピクチャーズ エンタテインメント

監督	ロバート・ルケティック　2008年・アメリカ　123分
キャスト	ジム・スタージェス（川田紳司）、ケイト・ボスワース（松谷彼哉）、ローレンス・フィッシュバーン（大塚明夫）、ケヴィン・スペイシー（田中秀幸）
あらすじ	マサチューセッツ工科大学の学生ベンは、奨学金試験に落ちて困っていた時に、天才的な数学力をローザ教授に見い出され、ブラックジャックの必勝法を習得するチームに誘われる。ハーバード医科大の30万ドルの学費を稼ぐため、ベンはラスベガス攻略に挑む。

『トイ・ストーリー』

苺さんが一番
たくさん観てる映画

だと思います。
100回は観ていないはずだけど。

ママ、わかったでしょ？
おもちゃも喋るんだよ。

だからおさる達（娘が大事にしているぬいぐるみ軍団）にも
優しくしてね。

監督	ジョン・ラセター　1995年・アメリカ　81分
キャスト	ティム・アレン（所ジョージ）、トム・ハンクス（唐沢寿明）、ドン・リックルズ（名古屋章）、ジム・ヴァーニー（永井一郎）、ウォーレス・ショーン（三ツ矢雄二）、ジョン・ラッツェンバーガー（大塚周夫）、アニー・ポッツ（戸田恵子）、ジョン・モリス（市村浩佑）
あらすじ	木製カウボーイ人形のウッディは、アンディ少年の一番のお気に入り。おもちゃの仲間たちと楽しい日々を過ごしていた。ところが、アンディの誕生日に最新式の人形、バズ・ライトイヤーが贈られてからというもの、アンディのお気に入りはあっという間にバズ・ライトイヤーに。ウッディとバズは小競り合いをしながら、つい家の外に飛び出してしまう。

『塔の上のラプンツェル』

ラスベガス旅行の飛行機（機内）で
苺さんと一緒に観ました。
終わった後、2人で小声で「おもしろーい！」って会話。
友達のしょこたんが吹き替えというのは
その後知ったのです。
とっても上手！
そしてこのことをしょこたんに話すと
DVDをプレゼントしてくれたので

家ではヘビロテ。

もう8回ぐらい観てます。

しょこたん、すごーい！
だんだんラプンツェルが
しょこたんに見えてきた。

CINEMA Data

監督　ネイサン・グレノ、バイロン・ハワード
　　　2010年・アメリカ　101分
キャスト　マンディ・ムーア（中川翔子（歌＝小此木麻里））、ザッカリー・レヴィ（畠中洋）、ドナ・マーフィ（剣幸）、ロン・パールマン（飯島肇）、ブラッド・ギャレット（岡田誠）
あらすじ　森の奥深くの高い塔に暮らしている少女ラプンツェル。彼女は母親の言いつけを守り、18年間一度も塔の外に出たことがない。黄金に輝く長く美しい髪を持つラプンツェルはいつか塔の外に出たいと願っていた。18才の誕生日の前日、塔に侵入した大泥棒フリンと出会ったラプンツェルは、ついに外の世界へ足を踏み出した——。

MY RECORD

memo

Title　塔の上のラプンツェル

Date　　　．　．　（　　）

☆☆☆☆☆

『ロード・オブ・ドッグタウン』

70'sサーフ＆スケボーの青春ストーリー。
実在する人物がモデルみたい。
面白くてメイキング集とかNG集とかまで観ちゃった。

女の子なら
どの男の子の
生き方がタイプ？
って観方もありそう。
青春ものはやっぱりいいなあ。

なんか、かっこいいね。
スケボーしたいのに
ママが危ないから
ダメっていう！

CINEMA

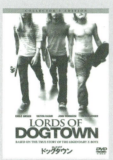

コレクターズ・エディション
発売中　1,410円＋税　発売・販売元：ソニー・ピクチャーズ エンタテインメント

監督	キャサリン・ハードウィック　2005年・アメリカ　110分
キャスト	エミール・ハーシュ（関　智一）、ヴィクター・ラサック（神奈延年）、ジョン・ロビンソン（野島健児）、ヒース・レジャー（藤原啓治）
あらすじ	アメリカ西海岸ベニス・ビーチ周辺の街、通称"ドッグタウン"。70年代半ば、ステイシー、ジェイ、トニーの3人の少年はスケートボードに明け暮れていた。あるとき、ショップ経営者のスキップが、新製品を売り出すためスケートボード・チームZ-BOYSを作ると言い出す。エクストリーム・スポーツの先駆者となった"Z-BOYS"の実話を元に描かれる、若さあふれる日々。

MY RECORD

memo

Title　ロード・オブ・ドッグタウン

Date　　　．．（　）

☆☆☆☆☆

『アザーズ』

 苺さんと初めてのホラー。
ゴシックホラー。
怖過ぎずちょっと怖く、
怖がりのわたし達にはちょうど良かった。
面白かった。これくらいのホラーなら他も観れそう。

**オススメありますか？
ニコール・キッドマンで。**

 こわい映画嫌いって言ったのに
ママが観せてやだったけど
そんなに怖くなかった。
でも今日も明日もずっと

**おばあちゃんになっても
一緒に寝てね。**

監督	アレハンドロ・アメナーバル
	2001年・アメリカ＝スペイン＝フランス　104分
キャスト	ニコール・キッドマン(戸田恵子)、フィオヌラ・フラナガン(谷育子)、クリストファー・エクルストン(加藤亮夫)、アラキナ・マン(かないみか)、ジェームズ・ベントレー(間宮くるみ)、エリック・サイクス(佐々木敏)、エレーン・キャシディ(堀江 真理子)
あらすじ	1945年、イギリスの孤島に暮らす美しい人妻グレース。子どもたちが日光を浴びることのできない体質のため、光を遮断した屋敷で日々を送っていた。3人の召使いを雇い、共に生活を始めると、そのときから館で怪現象が起こるようになる——。

DVD 発売中　発売元：ポニーキャニオン、ギャガ　販売元：ポニーキャニオン　4,700円+税／2枚組
©2001 SOGECINE and LAS PRODUCCIONES DEL ESCORPION

MY RECORD

memo

Title　アザーズ

Date　　　．　．　(　　)

☆☆☆☆☆

94 CHIAKI'S recommendation 『ニキータ』

 何度目かなあ。
やっぱり面白いや。

 おもしろかった。
スパイってやだね。
なりたくないね。

CINEMA Data

- **監督** リュック・ベッソン　1990年・フランス=イタリア　117分
- **キャスト** アンヌ・パリロー、ジャン=ユーグ・アングラード、チャッキー・カリョ、ジャン・レノ、ジャンヌ・モロー
- **あらすじ** 麻薬中毒の不良少女ニキータは、警官を射殺した罪で逮捕されるが、高い能力に目を付けられた。ニキータは政府の秘密工作員に仕立て上げられ、3年の訓練を経て殺し屋としてデビューを果たす。理不尽な状況にとまどいながらも涙ながらに任務をこなすニキータ。やがてスーパーのレジ係マルコと恋に落ちる。

CHIAKI'S recommendation

『ウォーターボーイズ』

日本の映画も面白いのがあるんだね！
とは苺さんの感想。まさに。

日本の映画も
面白いのが
あるんだね！

CINEMA Data

- 監督　矢口史靖　2001年・日本　91分
- キャスト　妻夫木聡、玉木宏、三浦哲郁、近藤公園、金子貴俊、平山綾、眞鍋かをり、竹中直人、杉本哲太、谷啓、柄本明
- あらすじ　唯野高校の男子水泳部に就任した美人教師、佐久間先生。廃部寸前の水泳部に入部希望者が殺到するが、佐久間先生の狙いは、男子のシンクロナイズドスイミング部を作ることだった！

スタンダード・エディション DVD 発売中 2,800円＋税　発売元：フジテレビジョン／アルタミラピクチャーズ／電通　販売元：東宝

CHIAKI'S recommendation

『ブルークラッシュ』

女の子サーフィン青春映画。
サーフィンにハマってる苺さんのために。
波のこと、あと、ティーンの恋愛。

男の子にほいほい
ついていったらだめよ ってことを

わたしの口からではなく映画から学んで欲しいな。
それからまた苺さんにびっくりしたことが。
映画が始まってすぐに『この女の子観たことある。えっと‥‥』
って考えてて30分くらいしたら
『思い出した！　前に観たラスベガスのカジノの映画の、
えっとみんなで手を後ろにやって暗号やるやつの主役の人と
アジアの人ともうひとりの女の子だと思う』と言い出し、
えー、そんな人いたっけー？　ってググったらドンピシャ、正解。
ケイト・ボスワースという女優さんでした。
毎回こんな感じで全部覚えてる

子どもの記憶力に
驚愕＆頼もしい。

また夏になってサーフィンしたいけど

こんな大きい波は絶対無理。

監督	ジョン・ストックウェル　2002年・アメリカ　104分
キャスト	ケイト・ボスワース／ミシェル・ロドリゲス／サノー・レイク／マシュー・デイヴィス
あらすじ	ハワイのオアフ島。アン・マリーは女友達や妹とともにサーフィンを楽しんでいる。アンはサーフィンの素質を買われていたが、海中で事故に遭って以来、思い切りよく波に乗ることができなくなっていた。自分のサーフィンを取り戻すために大会に出場することを決意したアンは、バイト先でプロ・フットボール選手マットと出会い恋に落ちる。

DVD 発売中　1,429円＋税　発売元：NBC ユニバーサル・エンターテイメント
© 2002 UNIVERSAL STUDIOS. ALL RIGHTS RESERVED.

MY RECORD

memo

Title　ブルークラッシュ

Date　　　．．（　）

☆☆☆☆☆

CHIAKI'S recommendation　『スウィングガールズ』

この前のリンダ リンダ リンダの流れで、
女子高生の音楽系部活映画を、
と思って観たんだけど、

かなり良かった！
何回も観たい。
ほんと良かった。
苺さんにも観せよう。

大きくなったら部活に入りたい。
BANDもいいし、
どうしよう。

CINEMA Data

監督	矢口史靖　2004年・日本　105分
キャスト	上野樹里、貫地谷しほり、本仮屋ユイカ、豊島由佳梨、平岡祐太
あらすじ	東北地方の田舎町の高校で、ふとしたきっかけで吹奏楽器を演奏することになった女子高生たち。演奏の楽しさにはまった彼女たちは、ジャズを演奏するビッグバンドに成長することができるのか！？

スタンダード・エディション
DVD発売中　3,800円＋税　発売元：フジテレビジョン／アルタミラピクチャーズ／電通　販売元：東宝

MY RECORD

memo

Title　スウィングガールズ

Date　　　．　．（　）

☆ ☆ ☆ ☆ ☆

『キッズ・オールライト』

この映画、イベントにも出たことがあります。
映画に続いて二回目。
最近ママ友も面白いって言ってたので思い出してまた観ました。
世の中には色んな価値観があって色んな家族がある。
わたしもみんなもこれでいいんだ って思える映画です。

人生楽しまなくちゃ。

たまにまた観たい。

みんな仲良しが一番いいね。
わたしも家族みんな大好きだよ。

ママもパパも、じいじもばあばも 大阪のじいじも大阪のばあばも。

（……と家族や親せき、ペットの名前を
ずっと言ってました）

CINEMA Data

監督	リサ・チョロデンコ　2010年・アメリカ　106分
キャスト	アネット・ベニング、ジュリアン・ムーア、マーク・ラファロ、ミア・ワシコウスカ、ジョシュ・ハッチャーソン
あらすじ	ニックとジュールスは女性同士のカップル。子どものジョニとレイザーの4人で仲良く暮らしている。大学進学のための1人暮らしを控えた18歳のジョニと15歳のレイザーは、まだ会ったことのない自分たちの医学上の父親・ポールに興味を持ち、こっそり会いに行くことに。

発売・販売元：アミューズソフト
提供：パルコ、ショウゲート、アミューズソフト、Yahoo！ 3,800円＋税
©2010 TKA Alright, LLC / UGC Ph All Rights Reserved

MY RECORD

memo

Title　キッズ・オールライト

Date　　　．．（　）

☆☆☆☆☆

CHIAKI'S recommendation

『ペイ・フォワード』

天野くんになんかオススメない？って
聞いたら教えてくれた映画のひとつ。

ひとにいいことをする
連鎖を作ろう、みたいな話。

改めて苺さんに観せなきゃ。

私もいいこといっぱいする。
小さいことだったら
いっぱいできるね。

CINEMA Data

発売元：ワーナー・ブラザース・ホームエンターテイメント
© 2000 Warner Bros. Entertainment Inc. All Rights Reserved.

監督 ミミ・レダー　2000年・アメリカ　124分

キャスト ハーレイ・ジョエル・オスメント（進藤一宏）、ケビン・スペイシー（田原アルノ）、ヘレン・ハント（小林優子）

あらすじ 11歳の少年トレバーは、社会科の授業中、担任のシモネット先生から「世界を変えたいと思ったら、何をする？」と問い掛けられる。トレバーが思いついたアイデアは"ペイ・フォワード"。他人から厚意を受けたら別の人へと贈っていくという奇想天外なアイデアだった。やがて、少年の考えたユニークなアイデアが広がっていく。

my favorite

私のお気に入り

私が映画を観るひとときは、苺さんと過ごす大切な時間です。
だからシンプルだけど準備は万全に。
お気に入りのファイヤーキングに紅茶を淹れて、
キャンドルを灯す。映画の世界にぐっと浸れるように照明を工夫したり、
一緒にくるまるブランケットも忘れずに。
それで思いっきり楽しんで、ワー！キャー！っと騒ぐ。
新しい発見を共有して、知らなかったことを教えあって。
こういうことぜーんぶ含めての映画ブなのです。
われら映画ブ愛用グッズのいくつかをお披露目しましょう。

wearing

お洋服とかタオルとか
どんどん食べさせて
大きくなるぬいぐるみは
アメリカで購入。
ふわふわしたものを持って
映画を観ることも。

怖い映画を観るときは
苺さんと二人でくるまります。
カシウエアやアーキの
ブランケット。

かわいいお皿にクッキーや
キャンディを入れると
気分もアガります。

コレクションしている
ファイヤーキングで紅茶。
コースターもお皿も
ハンドメイドな一点物。

food &
drink

苺さん映画ブノート、一冊目。

movie diary

ooohh!

map

世界中のお話を観るので
世界地図も必要。

雰囲気の良さそうな
映画を観るときは
いい香りのキャンドルを
灯しながら。

interior

映画中の照明も
重要な演出のひとつ。

私と苺さんの映画ブ。
二人で過ごす時間の定番になりました。
映画を観ているほんの2時間ぐらいの間に
苺さんと一緒に興奮したり、
全然、感想がかみ合わないこともあって
それがまた楽しいのです。

映画ブの活動はもちろん続いていて、
ノートも着々と埋まっていますよ♪
私のブログ「苺同盟」でも
感想を残しているんだけど、
どんどんストックが増えているので
チェックしてください!

千秋　PROFILE

10月26日生まれ。タレントとしてテレビや雑誌などで幅広く活躍するほか、その活動は柔軟で多彩。「チロル社」「Ribbon Casket (リボンキャスケット)」「Love Stone」のデザインを手掛けている。団長を務めるハローサーカスプロジェクトは、ママ友たちのハンドメイド作品を扱うコンセプトショップ。著書に『千秋の手作り雑貨 HELLO! CiRCUS BOOK』(宝島社)『苺とアリスとピストルと』(祥伝社)など多数。
ちなみに好きな映画ベスト3は『風と共に去りぬ』、『俺たちに明日はない』、『ピンクフラミンゴ』。

公式ブログ　苺同盟
http://ameblo.jp/chiaki-777/
「苺さんとの映画ブ＆大人の映画記録」

おススメの映画があったらいつでもおしえてね。
千秋ツイッター　＠cirol777

千秋公式 facebook
https://www.facebook.com/chiaki7777777

お気に入りのファッション・アイテムやプライベート写真は
インスタグラムにどんどんアップしてます。
千秋 Instagram
http://i.instagram.com/chiaki77777/

デザイン：津嶋佐代子（津嶋デザイン事務所）
撮影：木村順子
衣装スタイリスト：下平純子
ヘア＆メイク：小竹珠代（dynamic）
協力：西村雄太（株式会社エキサイティング・トリガー）
　　　安藤弘行（株式会社エキサイティング・トリガー）
編集：仁藤輝夫／高野夏奈
DTP：富永三紗子

映画ブ、作りました。
千秋＆苺の感想ノート

2015年3月31日　初版第1刷発行

著者　　千秋
発行者　原　雅久
発行所　株式会社朝日出版社
　　　　〒101-0065　東京都千代田区西神田3-3-5
　　　　電詁03-3263-3321（代表）
　　　　http://www.asahipress.com

印刷・製本　図書印刷株式会社
ISBN978-4-255-00820-2 C0095
Ⓒ Chiaki 2015, Printed in Japan

乱丁、落丁はお取替えいたします。
無断で複写することは著作権の侵害になります。
定価はカバーに表示してあります。